城乡发展研究院
Institute for Urban-Rural Development

吴方卫　严　飞　主编

城乡发展评论

第一辑

URBAN-RURAL DEVELOPMENT REVIEW

创于1897
商务印书馆
The Commercial Press

主办单位：上海财经大学城乡发展研究院

学术委员会顾问（以姓氏拼音或字母为序）

陈彦斌 教授 首都经济贸易大学
陈云松 教授 南京大学
程国强 教授 中国人民大学
樊胜根 教授 中国农业大学
傅昌波 教授 北京师范大学
干春晖 教授 上海社会科学院
胡安宁 教授 复旦大学
胡武阳 教授 美国俄亥俄州立大学
黄季焜 教授 北京大学
刘莉亚 教授 上海财经大学
刘元春 教授 上海财经大学
卢云峰 教授 北京大学
邱泽奇 教授 北京大学
Scott Rozelle 教授 美国斯坦福大学
宋　阳 教授 美国华盛顿大学
Andrew Walder 教授 美国斯坦福大学
温来成 教授 中央财经大学
温　涛 教授 重庆工商大学
于晓华 教授 德国哥廷根大学
赵敏娟 教授 西北农林科技大学
周　敏 副教授 加拿大维多利亚大学

编辑委员会成员（以姓氏拼音为序）

常进雄 陈小亮 程名望 范子英 江若尘 靳玉英
刘　进 刘　青 刘轶芳 牛志勇 盛　伟 孙　超
王　昉 吴方卫 徐龙炳 许　庆 严　飞 于树一
余典范 张锦华 张欣怡 章　元 朱小能

创刊词

党的二十大报告明确提出:“中国共产党的中心任务就是团结带领全国各族人民全面建成社会主义现代化强国、实现第二个百年奋斗目标,以中国式现代化全面推进中华民族伟大复兴。”当前,我国发展不平衡不充分问题集中体现在城乡发展不平衡、农村发展不充分,新时代新征程需要顺应时代潮流,不断奋斗,加快农业农村发展,实现城乡基本公共服务共享,有机整合形成城乡互补互促、互利互融的新型城乡关系,缩小城乡差距,推进城乡协调发展。

基于上述客观要求,上海财经大学城乡发展研究院创办了《城乡发展评论》集刊,由上海财经大学资深教授、城乡发展研究院院长吴方卫教授和清华大学社会学系副系主任严飞副教授担任主编。本刊暂定每年出版2辑,国内、国外公开发行。

本刊以“立足中国,放眼世界”为原则,以“推动与繁荣新时代新征程城乡融合和区域协调高质量发展研究,促进中国式现代化”为宗旨,坚持时代性、创新性、学术性和咨政性,主要关注“中国式现代化道路的理论与实践”“新型城乡融合发展”“乡村振兴与共同富裕”等领域话题,跟踪学术前沿,引领学术创新,启发政策实践,以期为推动与繁荣中国特色社会主义城乡发展研究搭建一个高水平的学术交流平台,为城乡发展研究领域理论学习与研究者、相关政策制定与执行者以及社会各界朋友服务,积极服务于中国式现代化建设、新时代国家重大战略和地方发展需求,为建设新时代中国特色社会主义经济发展理论体系贡献力量。

本刊所收文章的主要体裁有:学术性论文、案例研究、调研报告、观点荟萃、学术书评等。凡是城乡发展研究领域内有价值、有思想、有格局、有深度的研究性论文均可在本刊发表，特别欢迎关于国际国内城乡发展研究领域前沿性、开创性和突破性的科研成果，深刻回应新时代新征程下中国新型城乡关系的重大理论和现实问题。

“大胆地假设未来，小心地求证现在。”本刊初创，或存不足，恳求读者的批评和帮助；并欢迎各位高明踊跃投稿、惠赐大作，分享最新原创性学术成果，共同为我国学术出版物繁荣发展和“双一流”建设贡献力量。

目　录

城乡融合与乡村振兴

粮食安全

农村金融

文化与乡村振兴

新中国经济史

观察与短评

城乡融合与乡村振兴

中国式现代化进程中的农业高质量发展*

——动力、挑战与实现路径

赵敏娟　夏显力　张晓宁**

摘要：农业农村现代化是中国式现代化进程中的重中之重，农业高质量发展是走向农业农村现代化的必然路径，是中国式现代化在农业领域实践层面的本质要求之一。本文从经济学视角出发，把"农业高质量发展"界定为与报酬递增相联系的总括性制度安排，充分运用各类农业发展要素资源，通过实现要素间的最优配置，促使农业内部结构朝合理化、高级化动态演进，高水平地满足当代人民对美好生活的需求，并为未来发展提供和保留良好生态与环境基础。在此基础上，本文系统梳理了农业高质量发展的基本内涵，立足大国特征和小农农情，分析了中国式现代化进程中农业高质量发展的现实困境，从技术创新和制度创新角度阐释了现阶段农业高质量发展的内在动力。最后，从农业经济高质量增长、农村社会高质量发展和农业生态高质量治理三个层面，提出符合中国式现代化进程的农业高质量发展之路，为世界农业现代化发展，尤其是发展中国家农业现代化发展提供中国经验和中国价值。

关键词：农业高质量发展　创新驱动　实现路径　中国式现代化　党的二十大

---

* 本文系国家社会科学基金重大项目"'双碳'目标下农业绿色发展体系创新与政策研究"（项目批准号：22&ZD083）、陕西省社会科学基金项目"陕西资源型城市转型发展与新动能培育研究——基于环境规制和创新补偿的视角"（项目批准号：2019D012）的阶段性研究成果。

** 赵敏娟，西北农林科技大学副校长、教授。夏显力，西北农林科技大学经济管理学院院长、教授。张晓宁（通讯作者：xiaoningzhang@ nwafu. edu. cn），西北农林科技大学经济管理学院副教授。

党的二十大报告提出:“从现在起,中国共产党的中心任务就是团结带领全国各族人民全面建成社会主义现代化强国、实现第二个百年奋斗目标,以中国式现代化全面推进中华民族伟大复兴。”(习近平,2022)中国式现代化是中国共产党领导中国人民进行的百年探索成果(文红玉、王雨晨,2022),是中国共产党领导下的社会主义现代化。高质量发展是全面建设社会主义现代化国家的首要任务,习近平总书记(2023)指出:“实现高质量发展,也离不开农业发展。”因此,农业现代化是社会主义现代化建设的重要组成部分,农业高质量发展是中国式现代化进程中农业现代化的本质要求,是新时代新发展理念引领的农业必然发展方式。

一、内涵与当前挑战

基于我国农业发展的经济基础、制度条件和国家战略,实现农业高质量发展、推动农业现代化是现阶段的必然选择,将为农业现代化尤其是中国式现代化建设奠定基础。

(一)中国农业现代化与农业高质量发展

在中国式现代化进程中,农业高质量发展会随着特定历史条件的变化而不断更新和完善。新中国成立以后,农业现代化一直被摆在现代化建设的重要位置。1964 年 12 月,第三届全国人大一次会议《政府工作报告》提出,“争取在不太长的历史时期内,把我国建成一个具有现代农业、现代工业、现代国防和现代科学技术的社会主义强国”,实现追赶乃至超越世界先进水平的战略目标。在这个阶段,农业的高质量发展可理解为农业工业化发展,即机械化、水利化、化学化、电气化和良种化方向。近年来的中央一号文件从不同角度对农业高质量发展的目标要求和重点任务做出了明确部署:2022 年和 2023 年中央一号文件分别从粮食生产、产业融合、绿色发展等方面对农业高质量发展做出了明确部署，表明我国农业高质量发展已经从理念倡导进入政策实践阶段，在新的政策目标引领下需重新审视农业高质量发展的内涵、挑战和实现路径。党的二十大提出农业强国的战略目标，在中国式现代化进程中，农业强国扮演着为整个中国式现代化建设提供足够的物质支撑的重要角色，这不仅意味着农业生产总量要实现大幅增长，更重要的是要实现农业发展向高质量跃迁，农业领域的回报与其他领域的回报基本持平。

农业高质量发展是一套与报酬递增相联系的总括性制度安排（高培勇、袁富华、胡怀国等，2020）和实践过程，在实践层面需要充分运用各类农业发展要素资源，通过实现要素间最优配置促使农业内部结构朝合理化、高级化动态演进的过程迈进，高水平地满足当代人民对美好生活的需求，并为未来发展提供和保留良好生态与环境基础。农业领域的这一整体发展观，从农业经济增长、农村社会发展和农业生态治理三个层面综合性阐释了其内涵：农业经济增长高质量以质量和效益为基本价值取向，经济增长的评价标准不仅注重产出水平，也更加关注农产品质量安全、农业技术水平、科技贡献率、农业全要素生产率等对农业产出的影响，以及农业经济增长方式从规模扩大转向创新驱动的机制转换；农村社会发展高质量以共同富裕为本质要求，提高农业从业者的收入水平，为农业生产者提供必要的劳动报酬，注重对农民的教育和培训，突破农村社会发展的人才瓶颈；农业生态治理的总基调是推动绿色发展，促进人与自然和谐共生。以实现碳达峰、碳中和目标为牵引推动农业高质量发展，为应对气候变化，在农业领域协同推进降碳、减污、扩绿、增长。农业高质量发展在理论上是一个总括性理念，农业经济增长高质量是农村社会发展高质量和农业生态治理高质量的输出。中国式现代化引领中国迈向农业强国的核心经济机制在于要素质量升级和创新，但需要以农村社会发展高质量和农业生态治理高质量为前提。在实践上，推动农业高质量发展要兼顾经济、社会和生态多重价值取向，提升农业发展的质量、效益和性能，不断增强产业韧性，应对自然和市场等各种不确定性。

（二）农业高质量发展面临的挑战

农业高质量发展要基于"大国小农"的基本国情和农情。长期以来，小农被视为落后的、与农业现代化不兼容的和亟须改造的经营主体。随着人民公社的解体，中国农业重新回归家庭经营的小农经济形态（夏柱智，2022）。这种土地集体所有制下的家庭分散经营新方式，在极大刺激经营者积极性的同时，也为农业现代化发展带来了一些难以解决的问题。例如，家庭联产承包责任制改革之初形成的土地细碎化困境尚未得到有效解决，影响农业机械化程度；农户土地分散，缺乏实现规模化经营的条件和农业绿色低碳生产方式的形成；等等。面对超大规模人口、超大规模农产品需求和小农户家庭经营的农业基本面，实现农业高质量发展和建成农业强国在实践层面少有先例。因此，在中国式现代化进展中，立足大国特征和小农农情，需要重新审视我国农业高质量发展面临的挑战。

1. 效率：低效的农业组织体系与农业高质量发展的矛盾

组织与市场都能够引导资源进行合理配置（Coase，1937）以提高生产效率。农业经营组织体系是在农业产业链各环节中进行资源要素组合和收益分配的特定组织形式（廖祖君、郭晓鸣，2015）。通过长期的农业制度诱致性变迁，形成了多层次的农业生产经营组织体系，显著提高了我国的农业生产效率。但是，随着经济形势的变化，这些农业组织形式逐渐暴露出了一些缺陷，农业高质量发展依然缺乏有效的农业经营主体和强大的农业组织体系。

农业组织主要从事农业生产、经营、管理、服务等活动。这些农业组织聚合在一起所形成的生产组织、流通组织和社会化服务组织，具有风险共担、利益共享的协调与平衡机制。但是，以大量分散经营的农户为主体的组织形式，难以形成一个完整的生产、流通、服务、管理相互协调的组织体系，难以更好地服务于农业生产经营。农业政策在分散体系下也很难充分发挥作用，形成一种风险共担机制，提升农业的抗风险能力。长期以来,分散化的、低效的农业组织体系在很大程度上导致农业转型困难,使得我国的农业长期处于弱质性、低效率状态,缺乏抵御风险的能力;现代化生产要素和管理要素难以进入农业产业,实现对传统农业的改造并引导其向高质量发展。

2. 效益:短缺的农业人力资本存量与农业高质量发展的矛盾

农业现代化已经不能单纯依靠物质资本投入了,生产者智力水平、技能熟练程度、技术专业化程度以及有效劳动对农业增长的贡献,是农业高质量发展的基本要求。由教育、培训和健康水平形成的人力资本,在农业现代化增长方式中发挥着不可替代的作用。就此而言,我国现阶段农业高质量发展面临的最基本问题是,由农民老龄化、低学历化和兼业化等引发的农业人力资本短缺。随着经济的发展和人均收入水平的提升,我国出现了明显的配第-克拉克定理所表述的趋势:劳动力从第一产业向第二产业和第三产业转移,农业劳动者严重老龄化不仅影响农业的有效劳动投入,也难以适应农业高质量发展所需的生产技能、运行方式和管理理念,从而影响农业产出效益的提升(Ren, Zhou & Wang et al., 2023)。我国农业劳动力普遍呈现出低人力资本特征,与农业高质量发展要求的以专业化、职业化、高素质为特征的农业人力资本之间形成尖锐矛盾。

3. 科技:传统的农业生产技术与农业高质量发展的矛盾

农业机械发展状况代表着农业生产力的发展水平,对农业全要素生产率的提升具有显著的促进作用。农业技术和农业社会化服务体系的投入,不仅改造了农业的生产和运营方式,也成了农业产出增加的主要源泉。信息技术和人工智能技术在我国农业产业中的运用亟待推广,数字农业和智慧农业基础设施建设仍有待推进。目前,人工智能技术与农业产业的融合发展尚处于试验阶段,覆盖我国农业农村的大数据中心、数字“三农”协同管理平台和农业农村综合服务平台仍处于建设当中。智能农业仅在实验室或部分数字农业示范基地得到应用,数字农业主要集中在数字营销环节,尚未形成以“信息感知、定量决策、智能控制、精准投入、个性服务”为特征的农业智能生产技术体系、农业知识智能服务体系和智能农业产业体系。

4. 风险防范：脆弱的风险防御体系与农业高质量发展的矛盾

农业风险是农业生产的重要特征之一，现代农业生产经营过程中的自然风险、市场风险、技术风险、制度风险和政策风险都是农业现代化的障碍。随着现代科技的发展，相当一部分自然因素造成的农业损失可以减轻，但人为因素造成的农业风险和损失却有加大趋势，某种意义上损失甚至更大。目前，我国的农业风险管理还未建立起完整的风险管理体系，尚处于风险认知的探索阶段，风险预警能力不强。风险管理工具多针对单一风险，如农业保险用于管理生产风险，订单农业和期货市场用于管理市场风险，同时考虑生产风险和市场风险的农业风险管理工具很少。这种单一风险管理工具不能充分利用农业风险之间密切联系和相互传导的作用，以及生产风险和市场风险之间的对冲性，难以成为现代农业保险的最有效形式。另外，农业内部分工细化和专业化在延伸农业产业链的同时，也增加了农业产业链的风险管理。目前中国的农业风险管理多集中于农业初级产品的生产风险和价格风险，对于农业产业链中的技术风险、农产品安全风险、生产资料质量安全风险、产业链运营风险、农业生产环境风险等缺乏有效的管理工具。

二、动力与现实基础

改革开放40多年来，中国农产品种类和数量几十倍地增长，粮食总量由1978年的3.04亿吨上升到2021年的6.82亿吨、单产由170公斤/亩上升到387公斤/亩的事实（张红宇，2021；张红宇，2022），既有来自家庭联产承包责任制改革催生的制度绩效，也有来自国家对农业支持保护政策体系建立健全的政策效应，还有农业技术进步带来的红利。农业技术创新是农业高质量发展的主要推动力量，制度创新是其有力保障和支撑，也是充分发挥技术创新体系功能的关键。

（一）科技创新是农业高质量发展的重要引擎

近年来，随着农业高质量发展战略的实施，农业科技进步贡献率已经从 2012 年的 54.5% 提高到 2021 年的 61.5%（周云龙，2022），我国农业科技整体水平正在向世界高水平迈进。顺应全球农业科技革命的趋势，结合我国现代农业多元化的基本特征，现代种业、农业装备技术、农业生物技术、农业绿色技术和农业数字技术的发展为我国农业高质量发展打下了坚实的基础。

第一，现代种业作为农业高质量发展的基础和农业产业链的源头，是实现"藏粮于技"、保障国家粮食安全和重要农产品有效供给的根本。中国曾通过以杂交技术为标志的技术革命最大限度提升了小麦、玉米、水稻的单位产出，极大提升了土地产出效率，在有限的土地资源上实现了规模报酬的递增式增长。"十三五"规划以来，育种创新能力显著提升，自主选育品种面积占 95% 以上，畜禽、水产的核心种源自给率超过 75%，良种对农业增产的贡献率达到 45% 以上，对畜牧业发展的贡献率超过 40%（农业农村部，2020a）。现代种业已成为典型的创新迅速、技术密集、市场垄断、全球化竞争的高科技产业。

第二，农业装备技术作为现代农业科技的革命性变革，在大幅度提升农业劳动生产效率的同时，也彻底改变了农业生产方式和经营方式。随着人均收入水平的提升，我国第一产业就业人口在总就业人口中的比重持续下降。2021 年，我国第一产业就业人口占全国总就业人口的 22.9%，比 2012 年下降了 10.6%（国家统计局，2022）。多类型农业机械设备的广泛应用，有效应对了我国农业从业人口持续减少导致的人口红利消失的挑战，农业生产经营全过程机械化大幅度降低了损耗，保障了农产品的数量和质量安全。

第三，作为高新技术，农业生物技术具有绿色、高效等特征，旨在以生物经济的非农思路解决农业问题。在资源允许的条件下，传统农业主要通过增加耕地面积来获得更多产量；绿色革命之后，农业的增产更多依赖于化肥使用和机械投入。传统的农业增产方式潜力有限,迫切需要应用生物技术改变作物本身的潜力来解决农业稳产增收问题。生物技术在农业领域的广泛应用,能够突破传统生产方式的局限,增进产量,改善品质,满足我国农业高质量发展的现实需求和未来趋势。

第四,农业绿色技术作为农业现代化发展的重要方式和必要手段,旨在通过绿色投入品研发、绿色生产技术和绿色加工装备应用等,破解农业资源趋紧、环境问题突出、生态系统退化等重大瓶颈问题。农业高质量发展要求加快转变农业发展方式,从之前单纯追求农业产出量和依赖资源消耗的粗放发展,转到提质增效、注重农业全要素生产率对农业经济增长的贡献上来。农业绿色技术的推广和应用,使得近十年内中国全国耕地质量平均等级达到4.76(农业农村部,2020b),中国面源污染得到有效遏制,化肥和农药利用率均显著提升,使用量已经连续多年实现负增长(农业农村部,2021)。农业现代化以农业的持续增长和永续发展为目标,绿色技术在减少农业碳排放方面发挥着显著作用。

第五,农业数字技术是农业现代化发展的助推器,将信息作为农业生产要素,实现对农业的全面信息化管理(李春顶,2022)。数字农业新型信息技术深入农业各环节,使得农业生产从依靠经验积累转变为依靠农业运行大数据进行决策,这不仅便于农业信息交换和信息共享,改变传统农业的生产经营方式,促使传统农业加速向现代农业转变,也可以实现农业精准化生产,降低农业生产风险和成本,提高农业生产效率。物联网、大数据、区块链、人工智能等前沿技术在农业领域的应用,加速了农业现代化的历史进程,增强了农业应对自然气候条件变化的适应性,提高了农业资源利用效率、农业生产效率和劳动生产率,加速了农业生产从数量增长向质量转变的过程。

(二)制度创新是农业高质量发展的有力支撑

制度的功能是建立一个稳定的人类互动结构,以减少不确定性和不可预见性(North, 1990)。经济的动态演变伴随着相应的制度特征,制度环境决定激励机制和资源配置方式，影响生产效率。传统农业在向农业现代化转型的动态演变过程中，面临着结构转型、体制转轨和增长方式转变等一系列问题，这些问题的解决有赖于农业创新性制度体系的建立。

一是土地制度创新。农业高质量发展绕不开规模化和产业化经营，在小农户仍将长期作为经营主体的同时，也要追求大农业生产的资源整合效应和规模经济效应，必须通过多种制度创新引导农业形成适度规模经营。“三权分置”这一土地制度创新和改革，实现了集体、承包户和新型经营主体对土地权利的共享（韩长赋，2019），农村土地产权制度越来越完善。一方面，在明确农村土地所有权、承包权和经营权各自功能效用的基础上，新型经营主体拥有更充分的土地经营权，有利于经营者形成稳定预期和优化配置土地资源的动力，进而促进土地产出率、劳动生产率和资源利用率的提升。另一方面，“三权分置”有利于促进农业农村的分工和专业化，流出土地经营权的承包农户可以脱离小规模农业生产，放弃兼业化的农业生产经营，同时还能增加财产性收入；流入土地经营权的新型农业经营主体可以实现农业生产的规模化和专业化，也间接地将小农户的农业生产嵌入社会化农业大生产产业链之中，促使传统农业向以集约化、规模化、科技化为特征的农业高质量发展方向转变。

二是经营制度创新。经营制度创新是对农业生产关系进行调整和变革、激发农业发展的内在动力。家庭联产承包责任制这一制度创新性地赋予了农民生产经营自主权和独立市场主体地位，其所释放出的制度创新效应极大地提高了农业生产效率。随着社会主义市场经济的推进和人均收入水平的提升，农业劳动力从第一产业向第二、三产业转移。但是农业劳动力的大量转移并没有明显降低农业经营的家庭数量，也没有显著扩大农业经营规模，反而使得农业生产经营趋于兼业化和副业化，农业生产过程中的有效劳动投入、农业科技利用和农业物质资本投资都缺乏利益驱动，给农业家庭经营体制造成了巨大冲击，小规模的家庭生产经营体制成为农业高质量发展的瓶颈。因此，只有通过制度创新来培养各类新型经营主体，充分发挥集体经营、合作经营、企业经营等不同经营制度的优势和功能，发挥不同类型组织在对接市场、引入现代生产要素和创新经营模式等方面的比较优势，才能符合农业高质量发展的目标定位。

三是人力资本制度创新。人的能力和素质提升是农业生产率提升和收入增长的重要源泉，人力资本对农业生产率的提升具有决定性的影响作用(Schultz, 1959; Schultz, 1981)。农业高质量发展的方向决定于农业劳动者的素质、技能、知识水平以及处理各种复杂经济活动的能力。除了培养高水平的农业科技人员和建立高素质的农业宏观调控管理队伍之外，农业高质量发展还需要人力资本制度创新，以加快培育新型职业农民、具有企业家精神和才能的农民企业家为重点，把劳动力资源优势转变为人力资本优势。还需要创新对农民的教育投资和健康投资，准确估计基础教育的年代效用，改善劳动力健康状况对农业生产率提高的贡献作用。农业人力资本制度创新需要格外关注那些能提高农业人口质量的关键性要素，以及这些要素之间的相互作用，形成推动农业高质量发展的重要力量。

三、 路径选择与建议

在中国式现代化进程中，农业高质量发展的基础是农业劳动者素质的提升，高素质的农民群体是提升农业生产要素质量的关键。农业高质量发展需要农村高质量发展和农业生态高质量治理结构的支撑。农业高质量发展在理论上表现为一套追求农业规模报酬递增的制度安排，在实现路径上是一项复杂的系统工程。需要在经济层面着力抓好现代化农业发展支持体系建设，在社会发展层面以实现共同富裕为根本目标，形成差异化农业多元增收渠道，在农业生态层面让绿色成为普遍形态，完善农业生态环境保护治理体系。

（一）农业经济高质量增长：基于农业农村优先发展，健全现代农业发展支持体系

农业作为基础产业承载着粮食安全、社会安全和生态文明等重要功能。因此，培育重要农产品供给保障能力、提升农业创新能力都需要加快农业内部结构调整、优化农业产业间和产业内产品间结构，从提升农产品质量层面着力提升农业供给体系的整体质量和效率，推动农业实现提质增效减碳的高质量发展目标。

一是注重农业人力资本积累，为农业高质量发展提供专业化人才支持。目前我国农业人才在农业生产一线、基层农技人员和经营管理人员方面，都存在严重的现实短缺和未来断代问题（蒋辉、张驰、蒋和平，2022）。有鉴于此，解决农业领域各类人才短缺问题，需要从以下三个方面着手：第一，加强农业领域智力投资，多渠道培训现有农业劳动力，提升农民的专业化和职业化程度，引导农民正确地根据市场需求以及农作物生产状况科学地进行生产决策与生产管理。第二，支持新型农业经营主体与高等院校、科研院所、信息服务企业开展合作，加快培养专业型、复合型农业技术人才和管理人才，多领域地实现农业人力资本积累。第三，提升各类农业经营主体的现代化运营意识和能力，引进现代经营理念、先进科学技术和优质生产要素，有效推动各类农业生产要素有机重组和优化配置。

二是健全综合服务体系，为农业高质量发展提供组织支持。农业综合化服务体系是农业生产逐步走向专业化、社会化路径的重要支撑。第一，切实组织好农业生产前和生产后的服务工作，建立完善和高效的农业生产资料供应体系，保证农业现代化生产所需的低价高质的生产要素投入。第二，建立健全政府公共服务体系，创建农业高质量发展平台。重点关注市场升级、技术发展、农业产业化等发展方向，利用现代科技手段为农业高质量发展提供必要的公共产品。第三，加强农产品现代流通体系建设，提高农产品流通效率。补齐冷链设施短板，提高物

流质量效率，加快绿色、高效、低碳冷藏设施应用，建立健全运输高效、覆盖面全、安全稳定的农产品现代流通体系。第四，积极培育和发展现代化农业经营体系，提高农民的组织化程度，促进农业新型经营主体转型升级，增强其对市场风险的识别、防范和承担能力。

三是建立农业风险防范体系，为农业高质量发展提供安全支持。风险防范体系是针对现代农业生产和经营过程中存在的各类风险进行识别、评估、预警、反应、处置和监控的制度设计与政策安排。农业高质量发展不仅要增强应对自然风险的能力，还要提升防范决策风险、市场风险、技术风险和管理风险的能力。第一，发展农业抵御自然灾害的基础设施。干旱、洪涝、冰雹等灾害在我国多地频发，为了应对频发的自然灾害，应加强防灾减灾类基础设施建设，提高对农业自然灾害的防御能力与应变能力。第二，提高对气候变化问题的认识水平，强化气候变化背景下农业气象灾害防范应用研究和技术推广，建立健全防灾减灾预算管理系统，提升农业气象灾害风险防范能力。第三，创新农业保险制度和赔付机制。结合各地基本情况，创新保险制度，实行风险分区，确定合理的保费和赔付方式，为农民构建农业生产运营的安全网。

（二）农村社会发展：基于共同富裕根本目标，形成多元化的农村收入分配体系

农业高质量发展不仅是农业物质财富生产的过程，也是利益分配的过程，更是实现农村内部共同富裕的基础和动力。坚持以高质量发展促进共同富裕，需要在微观层面兼顾效率和公平、协调差距与共享，并在宏观层面进行政策调节（郭克莎，2022）。在中国式现代化推进过程中，第一，坚持共同富裕的社会主义分配制度，体现效率与公平的统一，促进农民持续增收，在缩小城乡收入差距的同时重点关注和解决农村内部的收入差距。第二，提升农民工资性收入占比，让工资性收入成为农民增收的压舱石。多措并举拓宽增收渠道，发展集体经济和鼓励支持本地企业发展，促进就地就近就业创业。发挥各级地方政府的就

业带动作用，鼓励工商资本创造灵活就业岗位，为农村劳动力提供更多就业岗位。向农村居民开展订单、定岗等职业技能培训，提升农村居民的就业能力，聚集和吸纳大量农村剩余劳动力。第三，挖掘农村内部增收潜力。鼓励各地依据本地农业基础和资源条件拓展农业多种功能和多元价值，通过产业发展完善联农带农机制，让农民有机会合理化分享全产业链增值收益，保障小农户在农业价值链中的价值索取权，把小农户利益紧密镶嵌进产业链中，为共同富裕奠定坚实基础。

（三）农业生态治理：基于绿色发展与“双碳”目标，完善农业生态保护治理体系

高质量发展是旨在使绿色成为普遍形态的发展，把推进经济发展与保护生态环境有机结合起来。这意味着从改变自然观和发展观开始，驱动农业生产方式朝绿色、低碳方向转变，释放农业改革和创新驱动能力。“双碳”目标的实现和生态文明制度的确立要把生态文明建设融入农业高质量发展的各方面和全过程，在农业发展理念、生产方式和运营模式上坚持绿色化方针，提高农业经济绿色化程度。第一，从多个角度加强对农业环境的保护和管理。完善农业环境保护体系和法律，加强法治建设，拓展农业生态环境教育，不断提高公众的环境意识，开展农业清洁生产，发展干净的农业。第二，把农业生态环境治理纳入农业产业发展规划，提出农业生态环境保护目标和具体措施，建立农业生态环境监测机制，进行监测和风险分析。第三，利用先进的科学技术手段实现农业生产零污染，改善田间生产条件；通过农业政策激励、研发、推广实用绿色技术，投资建设农业废弃物处理与综合利用项目。

四、结论与讨论

党的二十大报告明确提出，实现高质量发展是中国式现代化的本质要求之一，首次提出加快建设农业强国并做出了清晰的战略部署，为

推进中国农业农村现代化提供了行动指南。因此，中国式现代化背景下的农业高质量发展，需要从一种更加综合的视角加以理解。本文从农业经济增长、农村社会发展和农业生态治理三个层面对农业高质量发展的内涵和存在的挑战进行了系统剖析，立足农业大国特征和小农农情的客观现实，从分散的经营体系、低效的农业组织体系、短缺的农业人力资本存量、传统的农业生产技术、脆弱的风险防御体系等方面，分析了我国从农业大国向农业强国转型过程中所面临的农业高质量发展现实困境。突破这些困境需要以技术创新和制度创新为引擎，驱动农业物质资本和人力资本投入均朝现代化方向转变。最后，本文从农业经济增长、农村社会发展和农业生态治理三个方面提出健全现代农业发展支持体系、形成差异化的农村收入分配体系和完善农业生态保护治理体系，探索一条符合中国式现代化进程的农业高质量发展之路，为世界农业现代化发展，尤其是发展中国家农业现代化发展提供中国经验和中国价值。

在中国式现代化进程中探索农业高质量发展的实现路径，以下两点具有启发性意义。第一，农业高质量发展是农业转型升级过程中的总括性理念，以农业经济高质量增长为基础，以农业生态治理为支撑，以农村社会发展为目标。农业经济高质量发展有利于降低农业经济增长的投入代价，拓展农村社会发展空间，有利于解决农业经济增长的环境问题，提升农村社会发展实现程度。因此，农业经济、生态以及农村社会三位一体的高质量发展协同非常重要。第二，构筑以创新为内生特征的农业高质量发展。科技创新和制度创新是农业高质量发展的内在动力，农业向高质量发展转型对农业经济增长、农村社会发展和农业生态治理都提出了更高的制度化要求，也需要以与之相匹配的治理机制为支撑，以激发市场活力、培育创新能力为核心，发挥政策的调节作用，引导更多具有先进性的要素参与农业高质量发展。

参考文献

高培勇、袁富华、胡怀国等,2020,《高质量发展的动力、机制与治理》,《经济研究》第 4 期。

郭克莎,2022,《高质量发展与共同富裕的内在关联》,http://www.cssn.cn/skgz/bwyc/202212/t20221223_5572188.shtml。

国家统计局,2022,《人口规模持续扩大,就业形势保持稳定——党的十八大以来经济社会发展成就系列报告之十八》,http://www.stats.gov.cn/sj/sjjd/202302/t20230202_1896695.html。

韩长赋,2019,《中国农村土地制度改革》,《农业经济问题》第 1 期。

蒋辉、张驰、蒋和平,2022,《中国农业经济韧性对农业高质量发展的影响效应与机制研究》,《农业经济与管理》第 1 期。

李春顶,2022,《以数字农业和数字乡村建设推动农业农村现代化》,http://www.moa.gov.cn/ztzl/2022lhjj/lhdt_29091/202203/t20220302_6390232.htm。

廖祖君、郭晓鸣,2015,《中国农业经营组织体系演变的逻辑与方向——一个产业链整合的分析框架》,《中国农村经济》第 2 期。

农业农村部,2020a,《农业农村部研究部署“十四五”及 2021 年种业工作》,http://www.moa.gov.cn/jg/leaders/lingdhd/202012/t20201217_6358319.htm。

农业农村部,2020b,《农业农村部公报〔2020〕1 号:2019 年全国耕地质量等级情况公报》,http://www.ntjss.moa.gov.cn/zcfb/202006/P020200622573390595236.pdf。

农业农村部,2021,《农业现代化辉煌五年系列宣传之二十六:化肥农药使用量零增长行动取得明显成效》,http://www.ghs.moa.gov.cn/ghgl/202107/t20210716_6372084.htm。

文红玉、王雨晨,2022,《中国式现代化具有重要启示意义》,《人民日报》10 月 10 日,第 17 版。

习近平,2022,《高举中国特色社会主义伟大旗帜,为全面建设社会主义现代化国家而团结奋斗——在中国共产党第二十次全国代表大会上的报告》,http://cpc.people.com.cn/n1/2022/1026/c64094-32551700.html。

习近平,2023,《加快建设农业强国,推进农业农村现代化》,《求是》第 6 期。

夏柱智,2022,《双层经营体制与中国农业现代化》,《华中农业大学学报》(社会科学版)第1期。

张红宇,2021,《牢牢掌握粮食安全主动权》,《农业经济问题》第1期。

张红宇,2022,《科技创新是现代农业发展永恒的动力》,https://news.sciencenet.cn/htmlnews/2022/3/475614.shtm。

周云龙,2022,《农业科技进步贡献率10年提升7个百分点——科技兴农开花结果》,http://www.kjs.moa.gov.cn/gzdt/202208/t20220819_6407317.htm。

Coase, R. 1937, "The Nature of the Firm." *Economica* 4(16).

North, D. 1990, *Institutions, Institutional Change and Economic Performance*, Cambridge: Cambridge University Press.

Ren, C., Zhou X. & Wang C. et al. 2023, "Ageing Threatens Sustainability of Smallholder Farming in China." *Nature* 616.

Schultz, T. 1959, "Investment in Man: An Economist's View." *The Social Service Review* 33.

Schultz, T. 1981, *Investing in People: The Economics of Population Quality*, Berkeley: University of California Press.

High-Quality Development of Agriculture in the Process of Chinese Path to Modernization: Power, Challenge and Realization Route

Zhao Minjuan; Xia Xianli; Zhang Xiaoning

Abstract: Agricultural and rural modernization is the top priority in the process of the Chinese path to modernization; the high-quality development of agriculture is the inevitable path to agricultural and rural modernization, it is also one of the essential requirements of Chinese path to modernization in agricultural practice. From the perspective of economics, this paper defines the high-quality development of agriculture as a set of comprehensive institutional arrangements connected with increasing remuneration, makes full use of various agricultural development element resources, and promotes the super-rationalization and advanced dynamic evolution of the internal structure of agriculture by realizing the optimal allocation among elements, so as to meet the contemporary people's demand for a better life at a high level, and provide and retain good ecological and environmental foundation for future development. And then, this paper systematically sorts out the basic and high connotation of the high-quality development of agriculture, and analyzes the realistic dilemmas of the high-quality development of agriculture in the process of path to modernization based on the characteristics of great state and the basic facts of small-scale peasant agricultural conditions. From the perspective of technological innovation and institutional innovation, this paper explains the internal driving force of the high-quality development of agriculture at the present stage. Finally, the realization path of the high-quality development of agriculture is proposed from three aspects: agricultural economy high quality growth, agricultural society high quality development and agricultural ecology high quality governance, so as to provide China's experience and value to the world's agricultural modernization development, especially to developing countries.

Keywords: high-quality development of agriculture; innovation-driven; realization route; Chinese path to modernization; the 20th CPC National Congress

超大城市城乡融合的现实动因、障碍与优化路径*

吴方卫　卢文秀**

摘要：乡村作为超大城市的稀缺资源，发挥着农产品保障功能、生态功能以及社会稳定功能。推动城乡融合发展是超大城市实现农业农村现代化的必然要求、迈向经济高质量发展的规律使然，也是畅通国内经济大循环的关键一环。相比于一般城市，超大城市推进城乡融合具有要素优势、市场优势和产业优势，但也存在收入差距较大、农民持续增收乏力，农业质量效益有待提升、产业融合水平不高，资源配置不均、农村公共服务存在薄弱环节，集体经济收入来源单一、可持续增长存在隐忧等诸多现实阻碍。超大城市应以要素融合、产业融合、功能融合和制度融合为基本导向：要素维度上，以城乡等值为原则，推进城乡要素市场一体化；空间维度上，以五大新城为载体，推进城乡公共服务均等化；收入维度上，以共同富裕为目标，分类施策促进农民持续增收。

关键词：城乡融合　超大城市　城乡等值　共同富裕

---

* 本文系国家自然科学基金面上项目“劳动禀赋时空异质性变化下我国种植业结构调整问题研究”（项目批准号：71873082）的阶段性研究成果。

** 吴方卫，上海财经大学城乡发展研究院院长、资深教授。卢文秀，上海财经大学城乡发展研究院博士研究生。

一、引言

自新中国成立以来,城乡关系不断调整和演进:新中国成立初期,为了快速实现工业化目标,政府逐步建立起城乡二元体制;改革开放以后,经济发展战略由重工业优先转变为比较优势战略,经济体制也随之调整;党的十六大提出"统筹城乡经济社会发展",十七大提出"形成城乡经济社会发展一体化新格局",十九大后探索建立健全城乡融合发展体制机制,城乡二元体制逐渐破除。事实上,统筹城乡经济社会发展和城乡经济社会发展一体化的政策出发点仍然是以城市为发展极,强调以工促农、以城带乡,农村的附属地位未得到根本扭转。城乡融合是对统筹城乡和城乡一体化的继承和深化,它强调乡村与城市是互补共促的两个发展空间,乡村不再是各种优惠政策和补贴的被动接受者,也不单单是刘易斯式的劳动力蓄水池,而是具有独特功能和比较优势的独立发展空间。基于城乡发展不平衡仍是新时代最大的发展不平衡、农业现代化依然是"四化同步"的短板这一现实,必须建构起发挥乡村比较优势的动力机制,以城乡融合发展解决城乡发展差距问题和农业高质量发展问题。

超大城市既是中国经济、社会发展的窗口,也是实现城乡融合发展和农业农村现代化需要重点关注的空间单元。超大城市城乡融合发展在城乡关系研究中具有重要的类型学意义,却常被乡村研究忽略,鲜有研究关注超大城市城乡融合发展的特殊性和实现路径。事实上,乡村作为超大城市的稀缺资源,发挥着重要的农产品保障功能、生态功能以及社会稳定功能。推动城乡融合发展、实现农业农村现代化亦是超大城市现代化建设中的重要组成部分。上海作为现代化国际大都市和全球卓越城市,其城乡融合实践对城乡关系研究具有重要的样本价值。本文以上海市为例,分析超大城市城乡融合发展的现实动因,结合超大城市城乡融合发展的目标定位,总结当前城乡深度融合发展的主要障碍,提出优化路径,以期探索出一条符合超大城市特点的城乡融合发展之路。

二、超大城市城乡融合发展的现实动因

(一)超大城市城乡融合发展的必要性

1. 推进城乡融合发展是实现农业农村现代化的必然要求

全面建设社会主义现代化国家,最艰巨最繁重的任务仍然在农村。《“十四五”推进农业农村现代化规划》中的“建立健全城乡融合发展体制机制”,是推进农业农村现代化的重要工作内容。2021 年上海市乡村常住人口还有 212.74 万人①,劳均第一产业增加值为 3.33 万元/人②,与国际国内发达地区存在较大差距。农业经营者老龄化严重制约都市现代农业发展,“家庭农场经营者平均年龄为 53 岁,主要集中在 50 岁及以上,占总人数的 62.7%,其中超过 60 岁的占 17.8%”(上海市政协农业和农村委员会,2021)。如果不进一步破除城乡二元体制、推进城乡融合发展,超大城市的虹吸效应将使人、地、钱等要素持续从乡村单向流至城市,乡村难以同步实现现代化。

2. 推进城乡融合发展是迈向经济高质量发展的规律使然

国内外经验表明,城乡融合发展是城乡关系的高级形态,是社会生产力显著提升的必然结果。从需求端看,庞大的中等收入群体对绿色健康、休闲娱乐和精神富足的需求,为城乡商品要素、劳动要素双向流动创造了机会。2020 年上海市人均 GDP 达到 22 727 美元③,超过高收入国家人均 GDP 的一半,远高于中等收入国家的 5207 美元(北海居,

---

① 数据来源:2022 年《上海统计年鉴》。

② 数据来源:作者根据 2022 年《上海统计年鉴》和《2021 年上海市国民经济和社会发展统计公报》数据计算。

③ 数据来源:作者根据《上海统计年鉴》相关数据按照 2020 年平均汇率计算。

2021)。随着城乡居民收入水平不断提升,消费结构也在转变。2021年上海市全市居民人均可支配收入为78 027元,其中城镇常住居民人均可支配收入为82 429元,城市居民教育文化娱乐消费支出从2000年的1287元/人上升到2021年的5090元/人。[①] 从供给端看,农村基础设施的大幅改善使城乡劳动力、商品、信息和资金等双向流动更加便利。2021年上海市农村集中供水普及率为93.50%(全国为85.33%),农村生活污水处理率达88%,农业信息化覆盖率近60%。[②]

3. 推进城乡融合发展是畅通国内经济大循环的关键环节

伴随着国内经济条件和外部环境的深刻调整,我国经济发展面临需求收缩、供给冲击和预期转弱三重压力,促进形成强大国内市场、持续释放内需潜力愈加重要。推进城乡融合发展,一方面,可以通过提高农民收入扩大内需。当前乡村普遍面临基础设施落后、产业基础薄弱、收入差距较大等发展不充分问题,释放农业农村发展新动能无疑是释放内需潜能、增强经济韧性和战略纵深的重要发力点与突破口。随着城乡融合发展,农民收入提高,农民的消费观念在转变,消费结构在升级。调研发现,41.39%的上海农民每年都会计划去外省市旅游,44.14%的农民希望增设娱乐类活动或设施[③],农村消费潜力巨大且消费需求愈加趋于多元化和现代化。另一方面,可以通过城乡双向开放畅通国民经济大循环。农村剩余劳动力的转移是中国经济增长的重要源泉,但囿于城乡二元体制,农业转移人口市民化阻碍重重,导致劳动力再配置效应减退。扩大城市对农村居民的包容度,促进农业转移人口市民化,将在扩大消费、活跃市场等方面带来长期效益。与此同时,吸引各类人才下乡返乡创业就业,满足城镇居民旅游、居住和工作需求也是激活乡村多元价值、畅通国民经济循环的重要一步。

① 数据来源:2022年《上海统计年鉴》。
② 数据来源:2021年《中国城乡建设统计年鉴》。
③ 数据来源:《上海郊区"三农"调研报告》,上海财经大学城乡发展研究院课题组,2023。

（二）超大城市城乡融合发展的优势

1. 要素优势

生产力发展提供的物质基础是城乡融合的必要条件。超大城市的规模集聚效应为乡村发展提供了高素质劳动力和科技支撑，从而促进劳动生产率和土地生产率双提升。在劳动力要素方面，上海市持续开展百千万人才工程国家级人选、享受政府特殊津贴人员等人才选拔工作，组织专家下乡服务1200余次。依托涉农院校和农业科研院所等各类资源开展高素质农民培育项目，累计培育新型职业农民2.2万人次。[①] 在技术要素方面，2020年底上海市主要农作物综合机械化率达到95%以上，设施菜田绿叶菜生产机械化水平达到60%，农业科技进步贡献率达到79.09%（全国为59.2%），居全国前列，农业信息化覆盖率达到60%，农业设施装备水平显著提升（上海市人民政府，2021）。同时，农业农村数字化转型取得新突破，已完成全市九个涉农区各类农业生产用地上图工作，并与涉农补贴、农产品认证等其他系统数据完成对接。在土地要素方面，建立农地流转公开交易市场，探索农村集体经营性建设用地入市制度。与全国相比，上海农村土地有效利用水平高，农地流转契约性规范。调查显示，上海农户农地撂荒的比例仅为1.59%，远低于全国的19.2%。[②] 在资本要素方面，得益于新城建设和乡村振兴的推进，政府持续加大农业扶持力度，2020年农林水支出占农业总产值的169.3%，对农业农村发展形成了强有力的经济支撑。[③] 同时，还建立健全多元投融资体制机制，引导各类资本进入农村改造传统农业，培育新产业新业态，为城乡产业融合发展奠定了基础。

---

① 数据来源：《上海市率先基本实现农业农村现代化指标体系研究》。

② 数据来源：《上海郊区“三农”调研报告》，上海财经大学城乡发展研究院课题组，2023。

③ 数据来源：作者根据《上海统计年鉴》和《上海市2020年一般公共预算支出执行情况表》计算。

2．市场优势

城市居民消费升级，农村居民消费潜力大是超大城市城乡融合发展的最大优势。上海拥有2488.36万常住人口，人均GDP 15.68万元，且高收入群体占一定比重，具有较强的消费能力和购买能力。庞大的中等收入群体对农业农村的需求不仅体现在农产品保障上，还增加了对农产品绿色、有机，自然资源观光、农事体验、农业知识科普和乡村康养等多方面的服务需求。超大城市的人口规模效应和日益升级的消费需求，可以很好地支撑乡村旅游、母婴康养等乡村特色产业发展。另外，上海市农民休闲活动多元化、现代化趋势明显，城乡居民的生活方式逐渐迈向融合。调研数据显示，54.23%的上海农民表示每年都会计划出去旅游，偶尔或经常出去就餐的占比达61.34%，进一步表明充分挖掘、释放农村市场的潜力、活力，提高农民收入，将成为扩大内需战略的重要突破口。①

3．产业优势

乡村产业发展是集聚人才、资本、技术等要素，推进城乡优势互补，实现农民富裕富足的重要途径，是促进城乡融合的关键。上海市立足超大城市的特点与需求，不断集聚农业先进生产要素、延伸产业链条、促进农业多功能拓展，探索形成了多种乡村产业融合发展模式，主要包括：以及时感知、精准传输和智能处理等物联网技术为支撑，以自动生产、智能管理和协同运输等为主要特征的智慧农业模式；以农业产业园为载体，以农产品加工企业为龙头，以"企业+基地（合作社）+农户"等为组织形式实现农业内部产加销纵向一体化的全产业链模式；以数据技术和数据要素为驱动，聚焦商产融合的数商兴农模式；利用农业生态资源和生物信息技术，以服务业为引擎实现产业链横向拓宽的新业态衍生模式。基于超大城市要素优势和市场优势，上海市乡村新产业新业态快速发展，乡村产业融合水平不断提高，现代都市农业竞争力综

---

① 数据来源：《上海郊区"三农"调研报告》，上海财经大学城乡发展研究院课题组，2023。

合指数居全国首位(中国现代都市农业竞争力研究课题组,2020),为城乡融合发展提供了坚实支撑。

三、超大城市城乡融合发展的目标定位

(一)要素融合

囿于中心城区的虹吸效应,乡—城要素长期单向流动是超大城市乡村发展落后的主要诱因。城乡分割的要素市场抑制了乡村对中心城区人才、资本和技术等要素的承接能力。因此,超大城市城乡融合发展的第一步应是促进城乡要素融合,即劳动力、资金和土地等要素可以在城乡自由配置,同类要素在城乡统一大市场中获取均等收益。根据S形城市化增长曲线,城市化进程表现为一条由0到1向右上倾斜的S形曲线。当一个城市迈入高城市化阶段(S形曲线的右上方),将出现人口和经济活动逐渐向外围郊区、小城镇迁移的逆城市化现象,实质上就是劳动力、资本等要素在城乡间的再配置,即城乡融合发展。例如,20世纪30年代以后,美国都市核心区长期属于人口净迁出区,郊区属于人口净迁入区。2019—2020年,都市核心区净流失250万人,郊区净流入259.5万人。[①] 近年来,上海常住人口也表现出核心区净流失、五大新城净流入趋势。2017—2021年,黄浦、静安、普陀等核心区常住人口平均年增长率分别为-2.74%、-2.39%和-0.80%,而嘉定、松江和青浦等新城常住人口平均年增长率分别为4.24%、2.62%和1.77%。[②] 五大新城成为人口迁移的新方向,人口由单向聚集于核心区转变为“中心—外围”双向扩散,说明上海市城乡融合雏形出现,未来应进一步健全统一的要素市场,使同类要素在城乡间获取均等收益。

---

① 数据来源:美国人口普查数据。
② 数据来源:作者根据《上海统计年鉴》整理计算。

（二）产业融合

产业融合是拓展农民就业空间、缩小城乡收入差距的重要路径，是城乡融合的核心。超大城市乡村应摒弃原材料供给端的产业定位，充分借助中心城区的资金、技术和人才优势，共享工业化和城市化发展的成果，使农业融入现代化产业体系中，成为现代产业体系的有机组成部分，而这需要在推进城乡产业融合上下功夫。所谓“城乡产业融合”是以农业为基础，以产业化组织为载体，以利益联结机制为纽带，通过要素集聚、技术渗透、模式创新，促进农业内部、农业与工业以及休闲服务业各环节的有机结合，实现农业产业链延伸、功能拓展、多主体共赢。其内涵特征包括三个层次：一是吸引城市先进要素流入乡村，通过要素重组形成新模式、新业态；二是新业态应具备文化传承、生态休闲、科技教育等价值功能；三是以利益联结为纽带，鼓励农民参与，实现多元主体共赢。包含两条路径：一是产业内融合，即农业内部研产加销纵向一体化，建立从田头到餐桌的供应链；二是产业间融合，即农业与第二、三产业相互渗透、交叉重组，衍生新业态，主要涵盖农业与服务业的融合如田园综合体，农业与制造业的融合如农产品衍生品研发，以及新业态衍生如生鲜电商，等等。

（三）功能融合

功能融合，即城乡在保留各自特色的基础上实现功能分工与互补，既要彰显乡村的农产品保障功能、生态功能，又要发挥城市的科技创新功能、市场带动功能。功能融合何以成为超大城市城乡融合的目标之一？从城乡关系的演进脉络中可见一斑：不同的历史时期，学者们对城乡关系的看法不尽相同，城乡关系理论大致经历了从冲突-融合论、城乡二元结构论、统筹和一体化论到城乡融合论的演变过程。冲突-融合论强调一切发达的以商品交换为媒介的分工基础都是城乡分离，但是城乡对立是可以通过大力发展社会生产力和城市化被消灭的；城乡二元结构论是建立在工农业间、城乡间要素流动的"成本—收益"比较基础之上的,认为农村过剩劳动力向城市部门流动可以实现两大部门劳动生产率趋同;统筹和一体化论强调"以工支农,以城带乡"。以上理论均暗含了城乡关系最终走向一元化的价值预设和目标追求。

事实上,乡村传统经济组织和社会结构具有其独特优越性,城与乡同等重要,在生产和消费上互补,应有机结合起来(费孝通,2011;郝寿义、安虎森,1999)。城乡关系在新的历史时期有了新的发展,20 世纪 90 年代末,日本在总结城乡不平衡发展政策经验教训的基础上,重新定位城乡关系,认为乡村和城市应为互为补充的平等关系,明确提出保障粮食安全、发挥农村多样功能、推动农业可持续发展以及农村振兴是农业农村发展的四项基本任务。党的十九大也基于我国经济社会发展不平衡不充分的现实提出城乡融合发展,意味着城市和农村开始被真正看作一对平等的、可以充分发展和互为补充的独立主体。基于此发展脉络,超大城市抓住城乡等值化的发展理念,率先实现城乡功能融合无疑具有重要的示范意义,也是实现农业农村现代化的重要指引。

(四)制度融合

城乡二元体制是造成中国城乡分割的重要原因。发达国家之所以实现了城乡融合发展,关键是建立起了城乡统一的制度体系和政策体系:制度体系包括以土地制度为核心的基本制度,以户籍制度、基本经营制度和社会保障制度为代表的运行制度;政策体系包括产业政策、财政政策、就业政策和投资政策等。借鉴发达国家经验,超大城市应以制度融合推进城乡融合,以改革赋能乡村振兴:一方面要构建权益等值的人口管理制度,弥合由户籍制度引起的城乡居民在教育、医疗、就业等方面的福利差距;另一方面构建同权同价的要素市场制度,给予城乡同类要素相同的市场地位、权益和保障,消除制约城乡要素合理配置的制度桎梏,赋予乡村和城市同等的发展权。值得注意的是,制度融合不应被简单看作城市规划和政策如何延伸至农村的问题,而应是着眼于城乡互融发展的一个总体性体制机制改革。

四、超大城市城乡融合发展的主要障碍

（一）收入差距较大，农民持续增收乏力

1. 城乡居民绝对收入差距拉大

从上海市农民整体收入看，农村居民人均可支配收入增速连续十年保持在10%左右，略快于城镇居民。城乡居民相对收入差距持续缩小，收入倍差由2011年的2.32∶1缩小至2020年的2.19∶1。从构成看，工资性收入对农民增收贡献最大；受益于农村改革红利和各项惠农政策，财产性收入与转移性收入占比持续提升；经营性收入实现稳步增长，但占比很小：收入结构呈现工资性收入单极化特征。对比周边城市，2020年上海市农村常住居民实际人均可支配收入为28 384元，略低于苏州市的30 614元和湖州市的31 088元。虽然农民收入稳步提升，但城乡居民绝对收入差距呈扩大态势，由2011年的20 586元增长到2020年的41 526元，促进农民持续增收的难度依然较大。①

2. 农民分化趋势明显，农民增收形势愈加复杂

当前由户籍制度划分的"农民"已经分离出了四类群体：全职从事农业生产的留土农民；半工半耕的兼业农民；完全脱离农业生产，在城市从事非农工作的农民工；居住在农村，但不以农业为主要收入来源的农民，主要包括个体经营者和退出农业生产的老年人口。不同类型农民的生产方式和生活来源不同，收入水平差距明显。根据课题组调研数据，务工收入是上海市农民最主要的收入来源，但七成农户过去一年收入没有提升，且对未来增收缺乏信心②，上海市农民增收形势愈加复杂。

---

① 数据来源：2011—2021年《上海统计年鉴》、2021年《苏州统计年鉴》、2021年《湖州统计年鉴》。

② 资料来源：《上海郊区"三农"调研报告》，上海财经大学城乡发展研究院课题组，2023。

（二）农业质量效益有待提升，产业融合水平不高

近年来，上海市积极推进乡村产业从生产型向服务型延伸，在着力优化第一产业的基础上，大力发展第二、三产业，发展新产业新业态新模式，探索形成了以智慧农业、全产业链、要素驱动以及新业态衍生为代表的多种乡村产业融合发展模式。根据作者对上海市乡村产业融合度的测算结果，近十年来，上海都市乡村产业融合水平递增，但是乡村产业融合子系统发展差异较大，均衡性不足。农业服务业融合、农业新业态培育等方面发展水平较低，利益联结机制还不够完善，对乡村产业融合综合水平的贡献度不高。总体而言，上海市仍然面临农业质量效益有待提升、产业融合水平不高的问题，具体表现在：

一是农业经营者的理念亟须转变。设施农业、科技农业在发展过程中，除了受到技术与资金的约束外，还受到农民自身能力和经营理念的约束。对于"影响您发展设施农业、科技农业的最大因素"这一问题，针对从事农业经营户的调查显示，"希望保持现有模式，不想改变"的达到了 49.81%，选择"缺少技术"和"缺少资金"的分别为 25.65% 和 24.54%。[①] 可见，除受制于技术和资金外，安于现状也是制约农民对农业设施与科技投入的重要因素。

二是农业劳动生产率低。从农业经营情况看，2021 年上海劳均第一产业增加值为 3.33 万元/人，仅为苏州的 1/3，与发达国家的差距更大，如 2021 年荷兰劳均第一产业增加值达 7.77 万美元/人，是上海的 15 倍。[②] 从休闲农业与乡村旅游来看，上海年接待游客约 1500 万人次，而苏州年接待游客 9550 万人次，营业收入 64.5 亿元，嘉兴年接待游客 3570 万人次，营业收入 33.8 亿元。[③]

三是农业组织化水平仍需提升。近年来上海适度规模经营取得明

---

① 数据来源：《上海郊区"三农"调研报告》，上海财经大学城乡发展研究院课题组，2023。
② 数据来源：2022 年《上海统计年鉴》、联合国粮食及农业组织。
③ 数据来源：《中国休闲农业年鉴》。

显成效,家庭农场与合作社已成为主要农业经营主体。但调查表明,经营主体仍存在进一步扩大经营规模的诉求,且专业户、家庭农场和合作社联系不够紧密,面对大市场难以发挥规模优势。四是农食链短,就业和经济的带动能力有限。2021 年,上海市规模以上农副食品加工业总产值与农业总产值之比为1.46∶1,而英国农食链的产值是生产领域的10 倍。①

(三)资源配置不均,农村公共服务存在薄弱环节

建立城乡一体化的基本公共服务体系,是健全城乡融合发展体制机制的重要内容。尽管上海市在居民医疗、养老等基本公共服务方面投入力度远高于全国平均水平,但农村与城区的基本公共服务差距依然较大。调研发现,超过一半的上海农民进城落户的主要原因是让子女接受更好的教育,远高于获得更多工作机会等其他原因。农村教育资源短缺或薄弱成为农村居民外流的主要原因。相应地,乡村长期的基础设施欠账也正成为城市居民"留不下"的现实阻碍。以养老下乡为例,城乡医疗的人力资源、基础设备以及管理机制差距,依然是城市老年人进得来、住得下、过得好的一大挑战。例如,2020 年上海市农村每万人卫生人员数是5.58 人,约为城市的4.86%;人均职工基本医疗保险基金支出 6121 元,约是人均城乡居民基本医疗保险支出的2.66 倍。②

(四)集体经济收入来源单一,可持续增长存隐忧

上海市村级资产整体运营效率不高,收入来源单一,未来发展空间受限。厂房、楼宇等物业出租是村级集体经济的主要收入来源,但随着产业结构调整、拆违整治等,村级集体财产性资产不断减少,租赁业务

① 数据来源:2022 年《上海统计年鉴》、联合国粮食及农业组织。

② 数据来源:2021 年《中国卫生健康统计年鉴》、上海市医疗保障局(http://ybj.sh.gov.cn)。

减少,经营性收入增收乏力。村级调查显示,2022 年上海市九个涉农区各村集体资产均值为 6514.75 万元,集体资产带来的收益均值为 261.73 万元,67.35% 的村庄对农民分红,人均分红 1000 元,对农民增收带动作用有限。而且,村集体经济发展不平衡问题突出,以青浦区为例,2022 年村平均可支配收入为 324 万元,最高的村可支配收入达 2622.10 万元,最低的仅为 40.34 万元,相差 64 倍。①

五、超大城市城乡融合发展的优化路径

(一)要素维度:以城乡等值为原则,推进城乡要素市场一体化

城乡等值是以德国为代表的欧盟国家推进城乡融合发展的重要理念,其核心是坚持"不同类但等值"的发展原则,即尊重城市和乡村的客观差异,在保留城乡各自特色的基础上推进城市和乡村功能互补、差异化发展。长期以来,以城乡差异为基础形成的城乡二元体制对政策制定产生了广泛影响,政策制定者往往将城市和乡村作为独立的发展实体,各自制定投资与发展规划,导致政策效果大打折扣(刘守英、龙婷玉,2022)。虽然从经济总量看,农村小,农民少,农业经济比重低,但从生态功能和社会稳定功能上看,乡村属于超大城市的稀缺资源、城市核心功能的重要承载地,基础作用日益凸显。因此,应该立足于农村特色建设农村,彰显农村生态价值、经济价值、社会价值和文化价值,实现城乡价值等同。

要素市场一体化是实现城乡要素自由流动和价值等同的基础,要素主要包括劳动力、资金和土地。一是促进城乡劳动力双向流动。让村里人出得去。依法保障进城落户农民农村土地承包权、宅基地使用

① 数据来源:《上海郊区"三农"调研报告》,上海财经大学城乡发展研究院课题组,2023。

权、集体收益分配权。探索“不在村”参与村庄事务的乡村治理新模式，即农民即便常年不在村庄，只要能够履行集体义务就可保留集体成员资格。同时，尽快完善财政转移支付与农业转移人口市民化挂钩的相关政策，积极为农业转移人口提供保障性住房，切实解决转移人口子女教育、医疗服务和养老保障等问题，让转移就业的农民能够有序有效融入城市。让城里人愿意来。建立健全城乡人才合作交流机制，完善科研人员入乡兼职兼薪和离岗创业制度，引导医疗、教育、文体等领域专业人才定期服务乡村，组织农业科技人员深入田间地头开展技术指导。通过设立定居奖金、协调耕地流转、建立租房交易平台等措施，吸引城市居民入乡生活、创业。二是完善农村集体建设用地入市制度。与国有土地同权同价，是农村集体土地改革的主要原则和方向。例如，松江区通过农村集体经营性建设用地入市的方式，引入中国奥园文旅集团参与农旅产业开发建设。集体土地入市一方面将土地所有权保留在村集体，有利于村集体经济长期可持续发展；另一方面缩短了土地出让周期，简化了审批流程，有助于企业降低资金成本、提高运营效率。三是依据农村产业业态特点探索供地新方式。农村新产业新业态往往涉及商业、住宅和农业等多种用地性质，土地使用规划复杂。但现实中，农村不同性质土地交叉分布，国家对不同土地类型有不同的使用和规划要求，传统土地供给方式难以满足企业整体开发需求，使得项目难以落地。因此，要创新采取点状、托管、租赁等多种供地模式，进一步提升土地利用的精细化、集约化程度。例如，浙江莫干山民宿项目采取“点状供地，垂直开发”的方式，将项目用地分为永久性建设用地和生态保留用地，项目仅新增建设用地十余亩，其余建筑由租用农房改造而成，景观打造涉及的200余亩山林通过土地流转而得，作为生态保留用地（乡村振兴课题研究，2020）。四是引导社会资本与银行业金融机构投资农村。发挥政府投入引领作用，创建农业农村投资指引清单，引导和鼓励社会资本投入现代农业、乡村产业。增强银行业金融机构向农村市场延伸服务功能，投资农村新基建。

（二）空间维度：以五大新城为载体，推进城乡公共服务均等化

新城处于中心城区与乡村之间，是一种混合空间，具有打破城市中心和农村对立关系的重要功能，农村和城市的价值、文化和景观在这个空间融合（Woods，2009）。新城（郊区的城市化）是中心城市的外围新核，有居住、服务和工作等多种功能，在生产生活上对中心城区人口和农村居民形成了新的吸引力，有助于促进城乡人口双向流动（折晓叶、艾云，2014）。“五大新城”建设是上海打造发展空间和重要增长极的重大举措，也是促进城乡融合发展的重要载体：一方面，新城承担了疏解中心城区功能设施和公共服务资源的重要功能；另一方面，作为公共服务新中心，新城也为周边农民提供了就近城镇化的可能。据调研，49.05%的上海农民或其子女已经在新城或市区购房，超过81%的农户子女在本乡镇或县城（区中心）上小学、初中，上海乡村的学前教育和义务教育越来越向县域城镇集中。① 因此，要健全“新城—街镇—乡村”衔接的公共服务网络，加大市级高品质公共服务资源向新城倾斜，新城向周边镇域乡村服务与治理水平提升赋能，街镇则发挥联通城乡的纽带功能。硬件上，需要优先突破的重点是城乡基础设施统一规划、统一建设和统一管护，推动城乡基础设施互联互通。软件上，需要优先突破的重点是城乡基本公共服务均等化。持续推动市区优质医疗资源与教育资源向新城扩容下沉和均衡布局，推进分级诊疗的同时，充分借助互联网链接市区信息资源和医疗资源，如“互联网＋医疗”，缓解农村医疗资源不足的困境。

（三）收入维度：以共同富裕为目标，分类施策促进农民持续增收

农民收入提高、城乡收入差距缩小是实现城乡融合的重要标志。

① 数据来源：《上海郊区“三农”调研报告》，上海财经大学城乡发展研究院课题组，2023。

随着城乡一体化程度日益提高,“农民”内涵趋于多元。因此,促进农民增收,既要挖掘农业内部增收潜力,也要拓展农村外部增收空间,更要发挥农村组织治理效能,统筹用好产业、就业和集体产权制度改革三大手段。

对于留土农民,要纵向延长产业链,横向衍生新业态,以农业高质量发展带动农民增收:一方面,以产业园区为载体,以农业企业为龙头,构建集标准生产、精深加工、冷链配送为一体的“龙头企业 + 合作社 + 基地”的农产品全产业链体系;另一方面,鼓励发展围绕农业产加销环节的服务业,满足消费者新需求的休闲旅游、文化创意和健康养老等新业态,增加从业者在农业内部的就业机会,提高农民收入。加强技术创新,以数字要素的投入、绿色产能的增长接替边际产能的退出。发挥超大城市的资本优势和技术优势,增强农业的资本密集度,促进粮食生产向无人化、规模化转型,蔬菜生产由外地小农户传统种植为主向工厂化、智能化、绿色化转变,提高劳动生产率和农产品附加值,促进农民增收。

对于兼业农民,探索农民“三权”市场化退出机制。兼业农民主要有两种情况:因城市非农就业机会不稳定而兼业和对农村土地等财产性收入预期较高而兼业。对于前者,可通过加强职业教育培训的针对性,或培训其非农就业能力,促进半工半耕户向离农户转变,或培训其农业生产经营能力,促使半工半耕户向专业户转变;对于后者,应坚持“进城不去权”原则,借鉴苏州市、上海市闵行区等地成功经验,探索农民“三权”市场化退出机制和配套政策。

对于老年人口,发挥村集体经济托底保障作用:一方面,鼓励有条件的农村集体经济组织适度预留一定的集体股,专项用于发展农村社区养老,增强养老服务发展的可持续性;另一方面,进一步推进老年农民土地换保障模式,以城镇社会保障、集体资产股权为补偿手段鼓励老年农民退出承包经营权,稳定其收入来源。

参考文献

北海居,2021,《世界银行按收入分组国家 GDP 和人均 GDP 数据(1960—2020)》,https://xueqiu.com/5296061618/193547505。

费孝通,2011,《中国士绅:城乡关系论集》,赵旭东、秦志杰译,北京:外语教学与研究出版社。

郝寿义、安虎森,1999,《区域经济学》,北京:经济科学出版社。

刘守英、龙婷玉,2022,《城乡融合理论——阶段、特征与启示》,《经济学动态》第 3 期。

上海市人民政府,2021,《上海市人民政府关于印发〈上海市乡村振兴"十四五"规划〉的通知》,https://www.shanghai.gov.cn/nw12344/20210720/046782b10d2145c0b201c41aca762196.html。

上海市政协农业和农村委员会,2021,《"上海农业农村人才情况"课题调研报告》,http://www.icppcc.cn/newsDetail_1080345。

乡村振兴课题研究,2020,《乡村振兴项目调研之莫干山"洋家乐"裸心谷特色民宿》,http://www.dehongzixun.com/post-1587.html。

折晓叶、艾云,2014,《城乡关系演变的研究路径——一种社会学研究思路和分析框架》,《社会发展研究》第 2 期。

中国现代都市农业竞争力研究课题组,2020,《2019 年中国现代都市农业竞争力综合指数》,《上海农村经济》第 8 期。

Woods, M. 2009, "Rural Geography: Blurring Boundaries and Making Connections." *Progress in Human Geography* 33(6).

Realistic Motivations, Obstacles and Optimization Paths of Urban-Rural Integration in Mega-Cities

Wu Fangwei; Lu Wenxiu

Abstract: As a scarce resource for mega cities, the countryside plays a function of agricultural security, ecological function, and social stability. Promoting the integrated development of urban and rural areas is an inevitable requirement for mega-cities to realize the modernization of agriculture and rural areas, and the law to move towards high-quality economic development, as well as a key part of the smooth domestic economic cycle. Compared with ordinary cities, mega-cities have the advantages of factors, markets and industries in promoting urban-rural integration, but there are also many practical obstacles such as large income disparities, weaknesses in farmers' sustainable income growth, uneven allocation of resources, weaknesses in rural public services, single source of collective economic income, and hidden worries about sustainable growth. The mega-city should take factor integration, industrial integration, functional integration and institutional integration as its basic orientation. In the factor dimension, the principle of urban-rural equivalence should be used to promote the integration of urban-rural factor markets; in the spatial dimension, the five new cities should be used as the carrier to promote the equalization of urban-rural public services; in the income dimension, the goal of common prosperity should be used to promote the sustainable income of farmers through classified measures.

Keywords: urban-rural integration; mega cities; urban and rural equivalents; common prosperity

粮食安全

新时期保障国家粮食安全路径研究

张锦华　徐　雯*

摘要：粮食安全始终是涉及我国国民经济与社会稳定的全局性、基础性重大战略问题，是保障国家安全的重要基石。进入21世纪以来，我国粮食生产资源压力明显，粮食增产空间受限；饲料用粮需求刚性增加，粮食供需结构性矛盾凸显；国际形势复杂，进口粮食供应风险加大：这些都给新时期粮食安全带来了巨大挑战。多方面的挑战要求我国必须高度重视国内粮食的稳产保供与粮食品种结构的供需平衡。根据对粮食供求形势的判断有效安排生产，从而最大化利用资源，满足居民对合理营养膳食的需求，这是新时期保障我国粮食安全的新思路。未来一个阶段中国粮食安全的关键在于保障粮食供需平衡，根据粮食生产消费特征分品施策：口粮方面应量质齐增，实现粮食产业高质量发展；饲料粮方面需要开源节流，全力提高大豆和玉米单产，多途径扩大大豆种植面积；此外，还要增强资源和市场的战略掌控力。

关键词：粮食安全　供需平衡　营养膳食　分品施策

一、引言

党的十八大以来，中国始终坚持“谷物基本自给、口粮绝对安全”的

* 张锦华，上海财经大学城乡发展研究院副院长，讲席教授、研究员、博士生导师。徐雯，上海财经大学博士研究生。

新粮食安全观,走出了一条中国特色粮食安全之路。2023年中央一号文件再一次强调了粮食安全的重要性,指出要把抓紧抓好粮食和重要农产品稳产保供、坚决守牢粮食安全底线作为建设农业强国的首要任务。在粮食产量逐年增长、进口粮食不断增加的背景下,中央仍如此重视粮食安全问题,需要从现阶段粮食安全面临的国内国际形势来理解。

从国内形势来看,我国粮食稳产保供存在短板弱项以及挑战压力。未来随着城乡居民食物消费提档升级,我国粮食需求特别是饲料粮需求刚性增加,因此必须提高粮食生产能力以满足未来可能出现的供给缺口。然而,目前我国粮食产量稳定增长的基础比较薄弱,表现为粮食增产的自然条件趋紧、粮食单产较低以及农民种粮积极性低等等。如何在有限资源条件下合理调整农业种植结构,满足人们的用粮需求,是未来粮食安全的重要课题。从国际形势来看,地缘政治冲突和频繁的气候灾害给全球粮食供应带来了诸多风险与挑战。我国粮食进口量快速增加、大豆进口依存度过高和粮食进口来源地集中等问题,加剧了我国粮食进口风险。多方面的挑战要求必须高度重视国内粮食稳产保供问题,不断增强国内粮食生产和供应的确定性。针对未来粮食生产资源环境有限等不利条件,如何充分合理地规划各项资源,以确保我国粮食安全、满足居民合理食物消费需求,是摆在各级政府面前的难题。实现合理规划的基础是对未来粮食供需形势的准确判断,合理预测未来的粮食需求与供给成为首要问题。

在粮食需求的预测上,现有研究已经取得了丰硕成果。不同学者根据不同研究目标,所采用的研究方法与研究结果均存在差异。在研究思路上,早期的研究多采用以经验判断为主的定性方法,主要从我国粮食消费的历史发展趋势进行经济学分析(程国强、陈良彪,1998;曹历娟、洪伟,2009;李国祥,2014),但定性预测的结果带有很强的主观性,预测结果各不相同。后续学者开始采用定量方法,即通过建立模型进行预测,主要有时间序列模型、回归模型、系统动力学模型等(吕新业、胡非凡,2012;马永欢、牛文元,2009;米健、罗其友、高明杰,2013;周曙东、周文魁、林光华等,2013)。通过模型法进行预测的逻辑都是依据过去预测未来,但是粮食需求与其影响因素之间的数量关系,在过去和未来可能并不相同;而且现有研究对粮食、粮食需求的统计口径并不统一,导致粮食需求预测结果各不相同。有关粮食供给预测的研究相对成熟,现有预测模型主要有时间序列方法、神经网络方法、马尔可夫模型、多元线性回归模型、遥感及气象生产力方法、灰色系统理论方法等(杨克磊、张振宇、和美,2015;李蓬勃、闫晓冉、徐东瑞,2014;梁姝娜、张友祥、王学稹,2015;王惠婷,2013)。这些研究方法都是从某一角度对粮食产量进行预测,存在各自的优势与不足。

本研究将从居民膳食结构和营养健康的角度,采用粮食转换率的方法对我国食物用粮总需求及品种结构进行预测。从膳食结构的角度来预测粮食需求,以实现居民营养健康为目标,分析基于平衡膳食模式的中国人均粮食需求量;然后采用系统动力学方法对我国粮食产量进行预测,从而结合粮食需求预测对我国未来的粮食安全形势做出合理判断,这对中国粮食供需调控体系及农业政策的制定具有重要参考价值。另外,对粮食品种结构的预测也能避免因统计口径模糊造成的误差。

二、新时期粮食安全面临的挑战

(一)资源压力明显,粮食稳产保供空间受限

从国内形势来看,粮食等基础农产品稳定供给在现有技术条件下越来越接近资源约束的极限,稳产保供空间受到限制。粮食生产面临的资源约束主要包括土地、农业劳动力和生态环境三个方面。伴随着城镇化的推进,城镇建设用地和农村劳动力城乡转移导致土地资源和劳动力资源的稀缺性日益显现,农业逐渐变为三种产业中的弱势产业。如图1所示,2009年以来,全国耕地面积不断减少。根据第三次全国国土调查数据,到2019年末我国耕地总面积约19.18亿亩,和第二次全

国土地调查相比，十年间全国耕地地类减少了 1.12 亿亩。与此同时，随着城镇化推进和城市用工需求的不断增加，乡村从业人员和第一产业从业人员不断减少（图 2），2015—2020 年间我国第一产业从业人员平均每年以 3.72% 的速度减少。

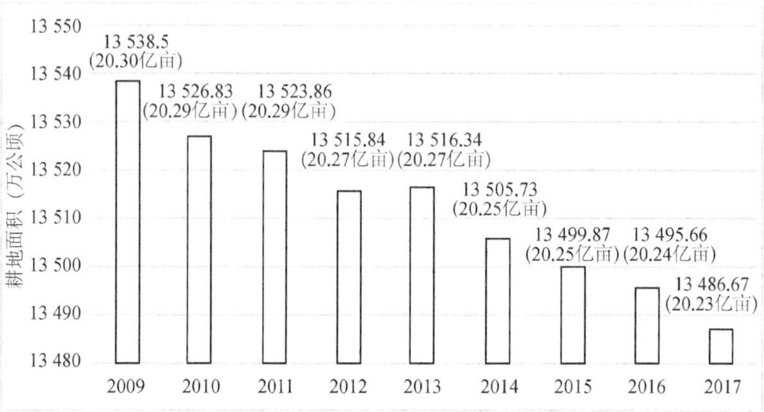

图 1　2009—2017 年全国耕地面积变化情况

资料来源：根据历年《中国国土资源公报》整理得到。

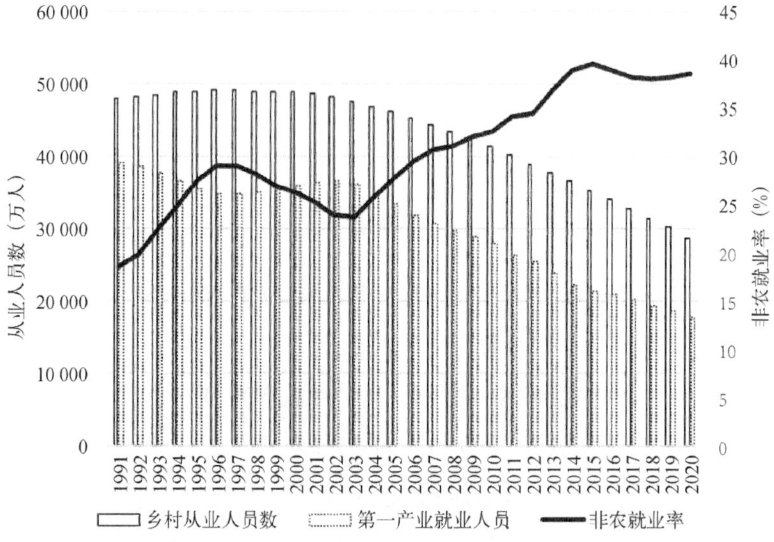

图 2　乡村从业人口与第一产业从业人口状况

资料来源：根据历年《中国农村统计年鉴》数据整理得到。

生态环境约束也对新时期的粮食生产提出了新要求。过去我国粮食产量的持续稳定增长，在很大程度上依赖现代化投入品的增加；21世纪以来，四种主要粮食作物的单位面积化肥、农药用量均呈上升趋势（图3、图4）。过度依赖化学投入品将导致农业生态环境污染日益严

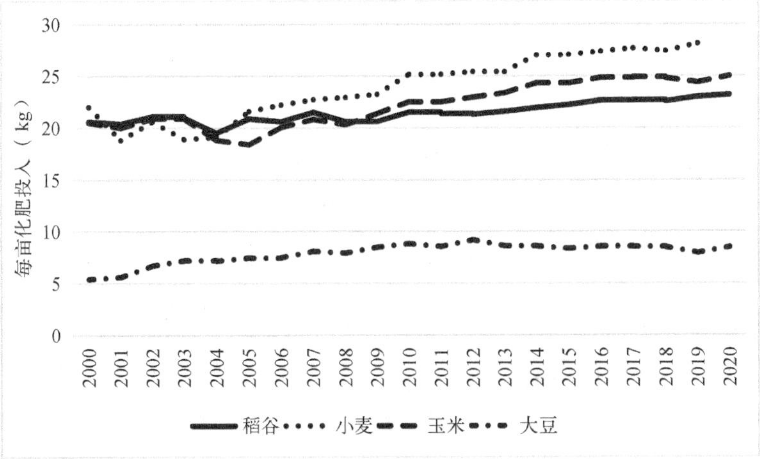

图3 分品种粮食生产化肥投入情况

资料来源：根据历年《中国农村统计年鉴》和《物价年鉴》计算整理得到。

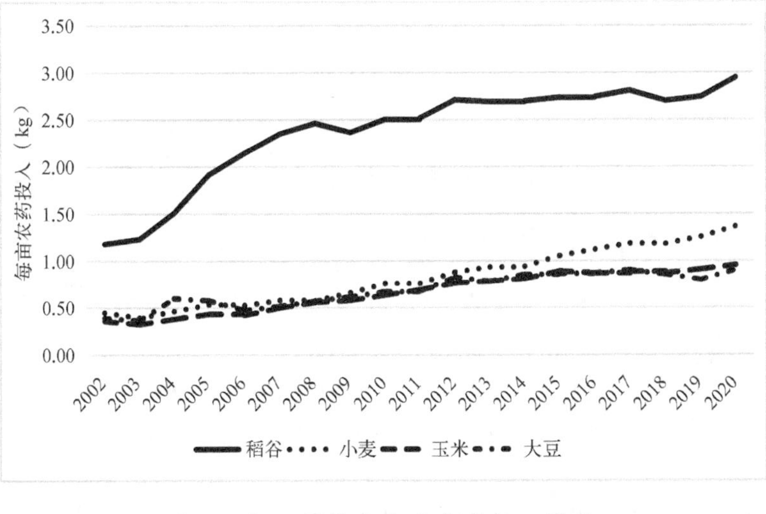

图4 分品种粮食生产农药投入情况

资料来源：根据历年《中国农村统计年鉴》和《物价年鉴》计算整理得到。

重,对农业经济可持续发展造成严重危害,与农业领域绿色低碳可持续发展背道而驰。有鉴于此,新时代粮食安全的基本追求在于如何用最小的环境代价满足消费者对粮食的需求,推动粮食生产与资源环境承载力相匹配,实现粮食产业全面绿色低碳可持续发展。

(二)需求刚性增加,粮食需求结构问题凸显

在国内粮食稳产保供受到限制的同时,人们的收入水平和食物消费倾向也发生了显著变化,粮食需求结构问题逐渐显现。我国目前正处于从中等收入国家向高收入国家迈进阶段,借鉴发达国家食物消费规律,高收入阶段食物消费结构变化将呈现班尼特效应(Bennett's Law),其突出特征是人均口粮消费量减少,肉蛋奶等蛋白质消费需求持续增加。我国食物消费结构变化满足班尼特效应:直接用粮需求即口粮消费明显减少,非主粮包括肉蛋奶、食用油等需求量快速增长。我国居民年人均原粮消费明显下降,由2014年的141.00千克下降至2019年的130.10千克。人均动物性蛋白类食品消费明显增加,城镇居民从44.73千克增加到2019年的84.00千克,几乎增加了一倍(图5);农村

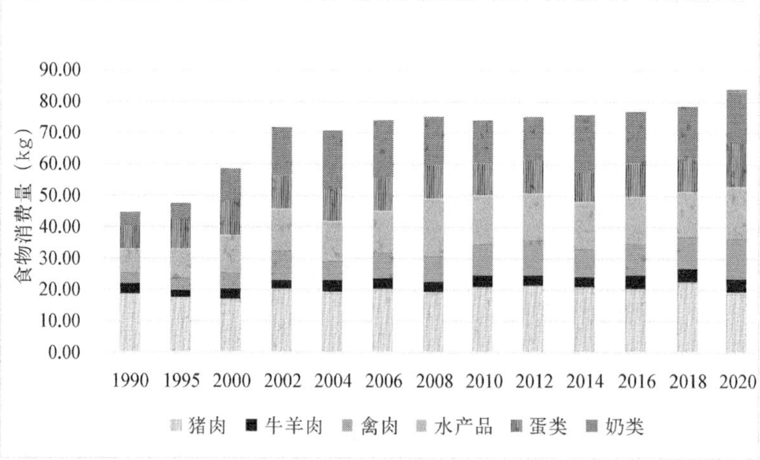

图5　1990—2020年城镇居民人均动物性蛋白类食品消费变化

资料来源:国家统计局。

居民消费量明显偏低，但增速更快，从1990年的18.20千克增加到2020年的61.30千克，增加了两倍多(图6)，且还有很大增长潜力。食物消费结构升级直接推动了饲料粮需求的进一步增长，加剧了我国粮食供需结构性矛盾。粮食消费的变化不仅关系到社会的稳定发展，更关系到整个国民的身体素质和人力资本发展，粮食品种结构的供求平衡成为确保国家粮食安全的重中之重。

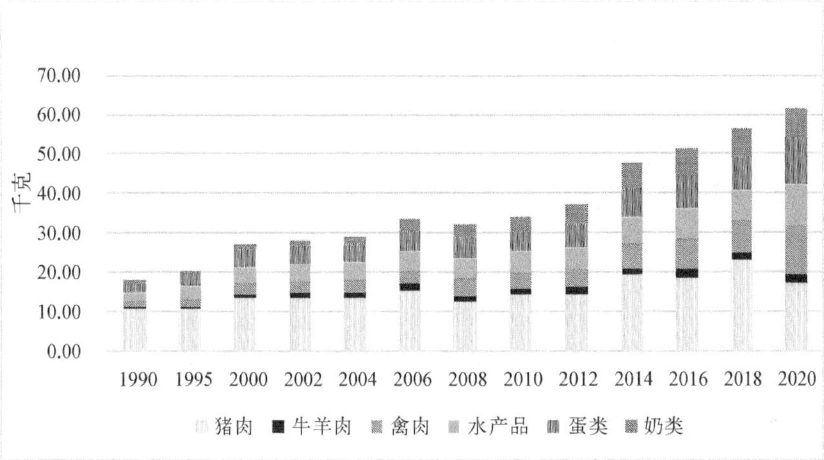

图6　1990—2020年农村居民人均动物性蛋白类食品消费变化

资料来源：国家统计局。

(三)国际形势复杂，进口粮食供应风险加大

我国粮食进口量快速增加，粮食对外依存度越来越高。图7展示了2000—2019年我国四种主要粮食品种的净进口情况，其中净进口表示进口总量与出口总量的差值，在一定程度上反映了中国利用国际市场弥补国内供应缺口的程度。2010年以来，除稻谷之外，其他三种主要粮食品种均呈净进口状态。我国粮食进口不仅体量巨大，而且进口渠道非常集中、单一，尤其是玉米和小麦两种粮食作物：2021年，99%的进口玉米来自美国和乌克兰，超过90%的进口大豆来自巴西和美国(图8)。高度依赖少数大型粮食净出口国的态势加大了地缘冲突、自

然灾害等外部因素对国内粮食市场稳定性的负面影响。

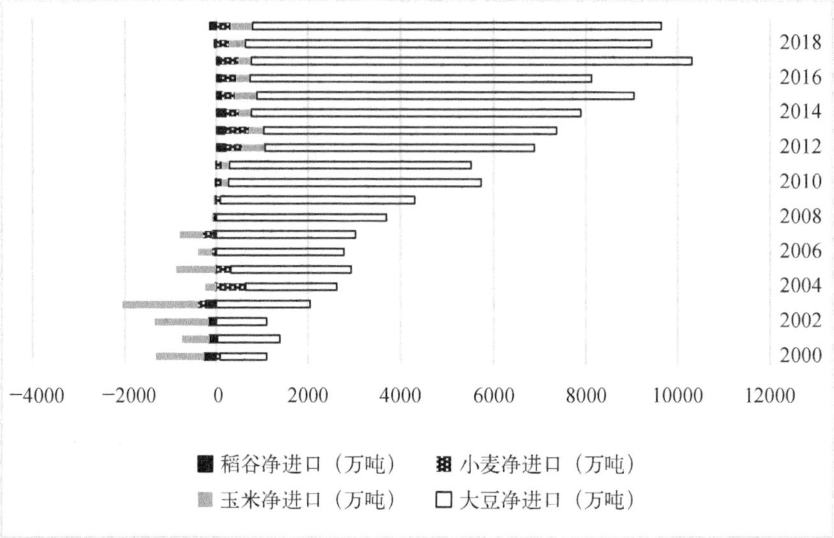

图7　2000—2019年主要粮食品种净进口量
数据来源:联合国贸易数据库(UN Comtrade)。

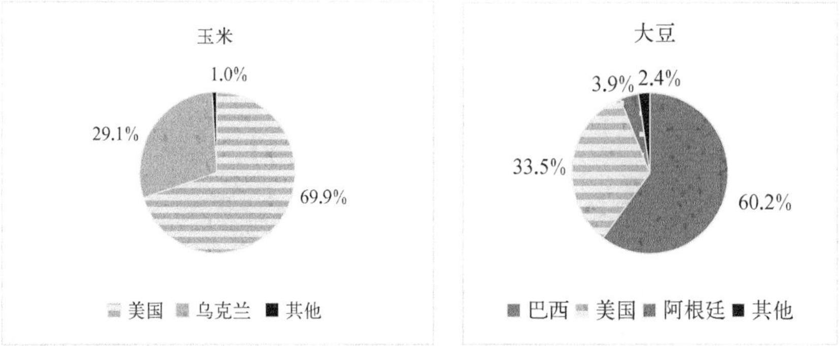

图8　2021年国内玉米、大豆进口来源
数据来源:联合国贸易数据库(UN Comtrade)。

综上,从当前与长远、国内与国外、生产与消费的整体视角来看,保障国家粮食安全的任务仍然艰巨,不仅面临国内增产约束与需求结构问题,更面临复杂多变的国际挑战。我国粮食安全问题所面临的国内国际形势要求我们必须建立新时期保障粮食安全的新思维:以满足居民食物合理消费的需求来有效安排生产、分品施策,从而最大化利用资源,以最小的环境资源代价来保障新时期的粮食安全,更好满足人民群众日益多元化的食物消费需求。

三、 我国粮食需求结构与供应潜力分析

有效安排粮食生产的前提是准确判断未来粮食的供需形势,充分了解新形势下主要粮食品种市场特征以及供需状况,找到供需缺口所在,从而将保障粮食安全的各项政策进一步细化落实到各粮食品种上,分门别类地采取有针对性的措施。本节中,对未来粮食需求的预测采用的是粮食转化率的方法,从居民膳食结构和营养健康的角度出发,判断粮食安全的底线,对粮食产量的预测采用的是系统动力学模型,最后将针对预测结果给出对未来粮食安全形势的基本判断。

(一)粮食需求结构预测

1. 主要粮食品种产量与消费变化

图 9 展示了 2014 年以来我国主要粮食品种的产量与消费变化。我国稻谷产量基本维持在 21 000 万吨左右,总消费量略有增长趋势。小麦是我国仅次于水稻的第二大粮食作物,从小麦生产和消费总量的变化看,我国小麦生产与消费总体呈现增长的趋势,国内生产基本能够满足需求。玉米的消费变化和产量变化趋于一致,但由于近几年玉米总消费的大幅上涨,其供需状态已经由产大于需转变为供不应求。饲料消费在国内玉米消费中占主导地位,根据农业农村部重点农产品市场信息平台数据,2019 年玉米饲用消费占比达 63.25%。随着居民收入的增加,国内大豆消费急剧增加。从总量来看,我国大豆消费增速明显快于国内大豆生产增速。农业农村部重点农产品市场信息平台数据显示,油用大豆是大豆消费的最主要部分,占国内大豆总消费的 80% 以上;但近几年油用大豆消费比例有一定下降,食用大豆消费比例有上升趋势。

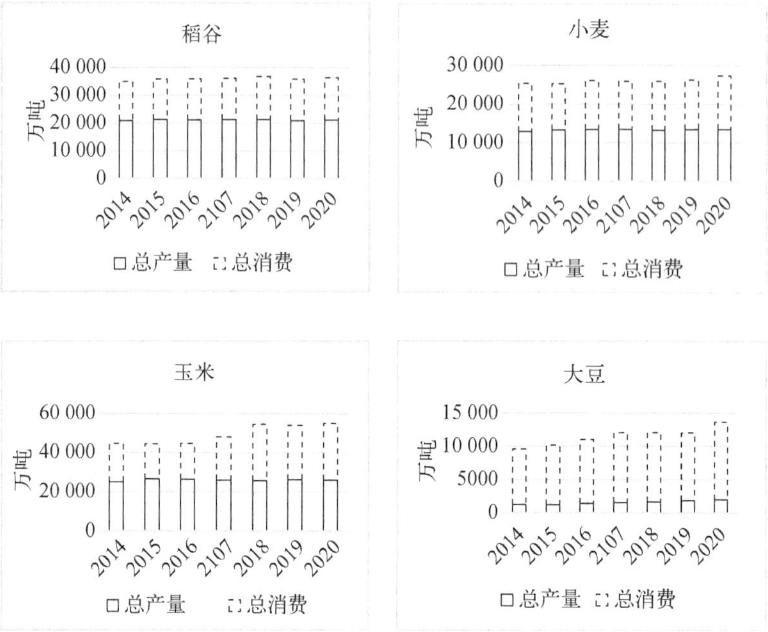

图 9 主要粮食品种产量与消费变化

资料来源:农业农村部重点农产品市场信息平台。

2. 总体判断

在口粮、饲料用粮、种子用粮和工业用粮这四大用途中,口粮消费曾经是中国第一大粮食用途,但近年来在粮食消费中的重要性开始下降,饲料用粮消费正成为我国粮食消费总量增加的一个主要方面。与口粮和饲料用粮的分化特征相伴的是,以口粮消费为主的稻谷和小麦消费小幅上涨,以饲用消费为主的玉米和大豆消费数量显著上涨。未来随着粮食精深加工技术的不断提升,稻谷中口粮消费占比将逐渐下滑至 80% 左右,预计到 2030 年稻谷口粮消费占比下降至 75% 较为合理。小麦也主要用作口粮,饲用消费占比近年来有下降趋势。未来随着饲用谷物消费总量不断增长,小麦饲用消费将有回弹趋势;同时,口粮消费可能出现新一轮下降,预计 2030 年小麦的口粮消费占比为 68% 左右。玉米是重要的饲料用粮,从中长期看,玉米消费中饲料用途将更加凸显,预计到 2030 年玉米的饲用消费占比会在 65% 左右。大豆在我国粮食消费和食用植物油消费中占据重要地位，预计到2030年饲用消费占比将达60%左右。

3．基于营养标准的预测

中国营养学会制定的《中国居民膳食指南（2022）》（以下简称《指南》）是最新的营养标准，符合我国居民对合理化、营养化与健康化膳食的需求。《指南》以区间范围表示推荐的食物摄入量，取推荐的最低摄入量和最高摄入量的均值作为中摄入水平，区间端点分别代表低摄入水平和高摄入水平（表1）。将该摄入水平与2020年城乡居民的食物摄入量相比发现，与高水平下的推荐摄入标准相比，我国城乡居民在肉类摄入上存在过剩的情况，但是在蛋、奶、水产品上的摄入都存在不同程度的不足（表2）。

表1　《指南》标准下人均食物摄入量

类型	人均每日消费（克）	人均每日食物消费方案（克）			人均每年食物消费方案（千克）		
		低	中	高	低	中	高
谷物	200—300	200	250	300	73	91.3	109.5
豆类	25—35	25	30	35	9.1	11	12.8
肉	40—75	40	57.5	75	14.6	21	27.4
蛋	40—50	40	45	50	14.6	16.4	18.3
奶	300—500	300	400	500	109.5	146	182.5
水产品	40—75	40	57.5	75	14.6	21	27.4

资料来源：《中国居民膳食指南（2022）》。

表2　蛋白类食物标准年人均摄入量与实际摄入量对比

单位：千克

	肉	蛋	奶	水产品
推荐摄入（低）	14.6	14.6	109.5	14.6
推荐摄入（中）	21.0	16.4	146.0	21.0
推荐摄入（高）	27.4	18.3	182.5	27.4
城镇居民摄入	36.5	13.5	17.3	16.6
农村居民摄入	31.8	11.8	7.4	10.3

资料来源：根据前文数据整理计算而得。

最后,根据推荐的食物摄入量,结合四种主要粮食品种的消费特征,采用粮食转换率的方法对我国食物用粮总需求及品种结构的预测显示:在高摄入水平下,2030 年我国居民食物用粮总需求将达 43 200 万吨,其中口粮需求 17 700 万吨,饲料用粮需求 25 500 万吨;进一步地,高标准食物摄入下的稻谷、小麦、玉米和大豆的需求分别为 9841.2 万吨、10 151.5 万吨、21 576.9 万吨和 8075.0 万吨(表 3)。

表 3 2030 年粮食品种结构预测

消费方案	稻谷		小麦		玉米		大豆	
	α_1	β_1	α_2	β_2	α_3	β_3	α_4	β_4
	41.7	75	39	68	55	65	19	60
低(万吨)	6616.4		6825.0		13 030.8		4876.7	
中(万吨)	8228.8		8488.2		17 346.2		6491.7	
高(万吨)	9841.2		10 151.5		21 576.9		8075.0	

资料来源:作者根据整理计算而得。

表 4 根据《指南》标准计算的 2030 年食物用粮总需求

消费方案	人日均用粮(克)	人年均用粮(千克)	人口(亿人)	用粮总需求(亿吨)	口粮(亿吨)	饲料用粮(亿吨)
低	516.6	188.6	14.5	2.73	1.19	1.54
中	666.6	243.3	14.5	3.53	1.48	2.05
高	816.5	298.0	14.5	4.32	1.77	2.55

资料来源:作者基于合理膳食标准计算整理所得。

(二) 粮食供给潜力分析

1. 总量与结构

1949 年新中国成立后,我国粮食生产经历了从短缺到温饱再到基本实现小康的跨越式发展。具体来看:1991—2003 年我国每年生产粮食 4.50 亿吨左右,2015 年粮食产量达 6.61 亿吨,2020 年粮食产量达 6.69 亿吨(图 10)。从粮食的产出结构来看:玉米产出明显增长,并于

2011 年第一次超过稻谷的产量，成为我国最大的粮食品种；小麦和稻谷产出呈现小幅增长趋势；大豆产量一直保持在占粮食总产量 3% 左右的较低产出水平（图 11）。

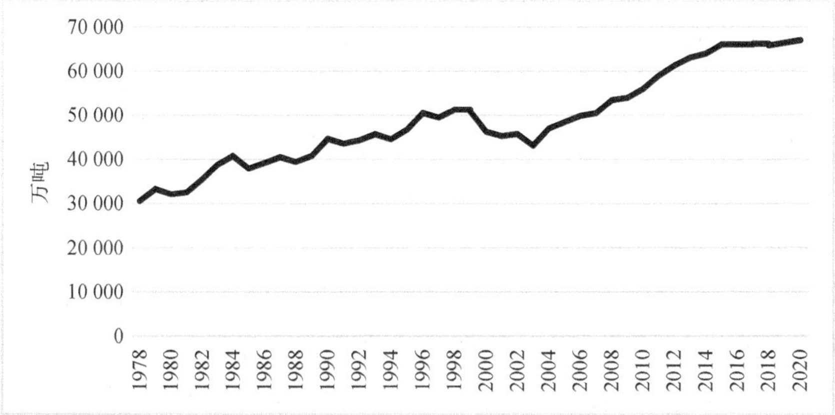

图 10　1978—2020 年全国粮食产出总量
资料来源：历年《中国统计年鉴》。

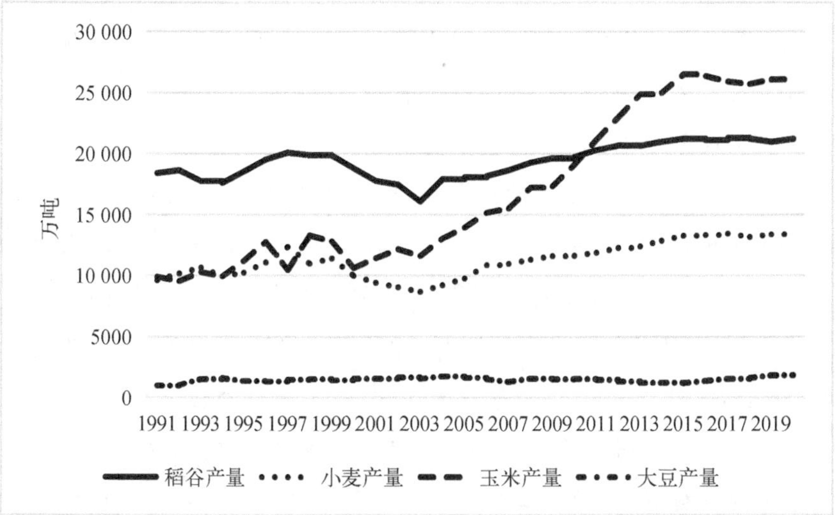

图 11　1991—2020 年全国分品种粮食产量
资料来源：历年《中国统计年鉴》。

2. 总体判断

从主要粮食品种的生产消费数据来看，可以说我国口粮供应是完全有保障的。因而，在水稻和小麦方面，需要解决的主要问题，是提高产品质量、降低生产成本。随着各种动物源食品需求的继续增长，未来对于玉米饲料粮的需求还会继续增长。玉米播种面积进一步扩展的潜力已经不大，未来要想提高玉米产量，出路只能是提高单产水平。大豆属于土地密集型产品，在我国现有耕地资源的约束下，扩种大豆与提高单产并行是实现提高大豆自给率的有效手段。

3. 基于系统动力学的预测

近年来众多学者对我国的粮食安全状况进行了模拟，其中系统动力学（system dynamics，SD）模型是较为常用的模型之一。SD 模型从系统的内部结构来寻找问题发生的根源，对系统内外因素的相互关系予以明确的认识和体现；除此之外，它还能借用数字计算机对其行为随时间变化的系统进行仿真，通过变化复杂的社会经济和生态系统设定的各种控制因素，观测系统的行为和发展，揭示系统的信息反馈特征，从而对系统进行动态仿真试验。因此，借助 SD 模型能够有效地观测粮食安全状况在外部约束条件下的变化情况。

（1）模型构建

考虑到粮食供求系统的动态性，结合已有文献，本文将 SD 系统划分为三个子系统：一是人口子系统，主要包括人口规模的趋势，人口数量的变化将会引起粮食消费、人均耕地和人均粮食占有量的变化；二是生产子系统，主要影响因素是粮食播种面积和粮食单产能力，具体是土地、劳动力、农业机械、化肥等投入因素；三是粮食消费子系统，主要受人口规模和人均消费量的影响，人均消费量又受城镇化的影响。

粮食消费主要受到人口规模和人均消费的影响。随着城市化的进程，人们的消费习惯发生改变，进而粮食消费量发生变化，人均原粮消费量开始下降，但同时对肉蛋奶等食品需求的增加也间接推高了饲料用粮。我们将我国粮食消费总量分为五个部分，分别为直接口粮消费、饲料粮食消费、种用粮食消费、工业粮食消费以及损耗。最后,粮食生产总量通过稻谷、小麦、玉米、大豆以及其他粮食产量加总得到。主要粮食品种产量受到播种面积和粮食单产的影响,播种面积又受到耕地面积的限制。我国的粮食播种面积与后备资源的开发总量及开发程度密切相关。复种指数与耕地面积共同决定了粮食播种面积。模型中相关变量的初值来源于相应统计年鉴。主要通过趋势外推分析、统计回归等方法处理参数。另外,城乡居民人均口粮和人均饲料粮消费数量,根据城乡居民人均家庭食物消费量以及外出就餐率计算而得。具体来说,根据统计年鉴中城乡居民家庭年人均食物消费数量,结合我国居民的外出就餐率以及料肉比数值,大致估算出我国城乡居民的实际口粮消费数量。

(2) 结果分析

SD 仿真结果表明,到 2030 年:稻谷产量略有下降,将在 19 949 万吨左右;小麦产量稍有上升,在 15 204 万吨左右;玉米产量呈上升趋势,大约为 30 921 万吨;随着未来播种面积的增加,大豆产量呈明显上升趋势,将达 2077 万吨。稻谷和小麦作为主要粮食作物,总产量基本维持在较高水平,能保障最基本的粮食安全问题;但玉米和大豆的变化幅度较大,主要取决于各粮食品种播种面积和要素投入水平。未来随着粮食生产结构的进一步优化,玉米和大豆的生产能力均有一定提升。

2016 年底公布的全国耕地后备资源调查结果显示,全国近期可开发利用耕地后备资源 3307.18 万亩。如果得到开发,那么稻谷、小麦、玉米和大豆的产量将分别达到 20 300 万吨、15 472 万吨、31 466 万吨和 2114 万吨,比耕地面积无明显变化情形下的产量分别增加 351 万吨、268 万吨、545 万吨和 37 万吨。将一部分后备耕地等低产耕地通过土地开发、土地改良、土地整理等一定的技术经济方法转化为耕地,是提高粮食产量的重要途径之一。另外,模型模拟显示,四大粮食品种单产水平在未来十年均有提升趋势。稻谷、小麦、玉米、大豆的单位面积产量在 2030 年将分别达到 7538 千克/公顷、7304 千克/公顷、7736 千克/公顷、2346 千克/公顷，较 2010 年分别提升了 15.03%、53.82%、41.85%、32.45%。

4. 缺口分析

比较 2030 年分品种粮食供应能力和高摄入水平下的分品种粮食需求，发现：假设未来可开发利用的 8000 万亩后备耕地均得到开发，那么稻谷、小麦这两种主要口粮作物在未来不存在缺口，国内生产完全能满足需求；随着未来玉米播种面积和单产的提升，国内玉米也能够满足居民基于合理膳食标准的需求；但是未来大豆国内生产远不能满足需求，缺口大约为 6000 万吨。大豆的供应保障关系着未来中国居民膳食中蛋白类食品的摄入量，关系着从“吃饱”到“吃好”的重要飞跃。因此，未来如何开源节流以保障大豆供应是一项重要课题。

四、分品施策保障粮食安全的对策建议

实现高质量的供需平衡是未来保障我国粮食安全的基础，为此，需要从供需两侧双向发力，畅通粮食经济内循环；同时利用双循环内外兼修，提升粮食保障能力。为了实现品种结构的供需平衡，结合我国基本国情分品施策是关键。在确保口粮消费的基础上兼顾饲料粮和其他用途粮食的有效供给，对口粮的供给要形成兼顾数量、注重品质的新局面，把饲料粮消费作为一个重要的营养改善工作进行规划布局和调整，人畜分粮，并从营养目标出发考虑口粮和饲料粮的品种、产量。

（一）供需两侧双向发力，畅通粮食经济内循环

保障高质量粮食供需平衡，必须处理好粮食供需之间的关系，在扩大内需的基础上着力提高供给体系质量，形成需求牵引供给、供给创造需求的高质量动态平衡。

在供给方面需要扎实推进新时期国内粮食安全工作，严格实行“藏粮于地、藏粮于技”，严守耕地保护红线，提高育种能力；加快转变农业

发展方式,由主要依靠物质要素投入转到依靠科技创新和提高劳动者素质上来,以保障数量安全为底线。与此同时,大力推进粮食产业高质量发展,抓住供给侧结构性改革这条主线,优化粮食生产经营结构,根据市场需求动态调整粮食生产结构与空间布局;推动大型粮食企业做大做强,以乡村产业振兴为契机,不断提升粮食产业链水平,推进优质粮食工程,以供给体系质量的不断提高来满足人民群众对高质量口粮的需求。

同时也要注重粮食需求侧管理,引导城乡居民合理消费粮食,释放内需潜力。营养目标下的粮食安全是以新的视角解决粮食安全问题的新思路,也是对粮食安全的更高要求。严格来说,营养目标下的粮食安全思维得以实现的基础还是居民对合理食物消费的认知,但事实是我国居民在营养安全方面的认知与国际相比有差距。在满足粮食需求增长和消费升级的基础上,未来必须更加重视对营养目标、膳食结构知识的宣传和教育,加快改善我国居民膳食营养,确立合理消费方式,改变不合理的粮食消费习惯,从而打通需求牵引供给的回路,发挥消费驱动作用,带动供给侧升级,使人们实现健康消费。

(二)双循环内外兼修,提升粮食保障能力

在提升国内粮食生产的同时,未来不得不面对饲料用粮将长期依赖进口的现实。继续推进高水平对外开放是提升粮食安全保障能力的必然选择,需要从以下几点寻求突破:其一是妥善处理与粮食出口大国的关系,加强对话与磋商,积极解决双边及多边贸易摩擦;其二是深化粮食国际合作体系,积极同粮食出口大国签订长期稳定的国家协定和贸易合约,参与全球产业链建设以形成对国际农产品产业链和供应链的控制权与话语权;其三是积极规避粮食进口贸易风险,建立更加自主的全球粮食供求信息系统,完善粮食贸易监测预警体系。

(三)口粮:量质齐增,实现粮食产业高质量发展

我国一直以来口粮供应都有绝对的保障,助力粮食安全、实现量质

并举的观念也有基础率先在口粮供应保障方面实现。未来口粮的保障能力也需相应地向更高层次跃升,持续促进高质量发展,提高粮食供给体系质量。针对稻谷和小麦两种主要口粮作物,坚持向良种良田高质量发展,加快培育高产优质水稻等重大新品种;同时提升耕地质量,加快高标准农田建设。此外,由于未来稻谷和小麦并不存在供需缺口,因此可以利用一部分库存推进稻谷和小麦食用转饲用,缓解饲料用粮过分依赖进口的局面。

(四)饲料粮:开源节流,增强资源和市场的战略掌控力

未来我国饲料粮需求还将进一步增长,理论上国内饲料粮供应保障可以从两方面入手,即开源与节流并举。开源有两条渠道:提高国内生产能力和加强国际协作、提升外部资源掌控能力。提高国内生产能力就是要在耕地资源有限的前提下努力提高玉米和大豆的单产水平,加大科技投入水平,继续推进大豆生产者补贴计划,提高农民种植大豆积极性,保障大豆种植面积。还要加强国际协作、提升外部资源掌控能力,积极开拓大豆进口市场,增强市场多元化以分散风险,在此基础上务实稳步推动大豆产业走出去,促进建立多元稳定可靠的进口渠道。

节流就是要千方百计降低对进口大豆的依赖,实现豆粕减量:第一是引导饲料企业合理配方,应用新技术减少蛋白质饲料的利用,提高饲料利用率技术水平;第二是挖掘杂粕、粮食加工副产物、食用动物副产品和微生物蛋白、昆虫蛋白等可利用的蛋白饲料资源,减少对豆粕的依赖;第三是鼓励发展青贮玉米等优质饲草饲料。

(五)加快制定出台《中华人民共和国粮食安全保障法》

未来我国粮食结构性短缺问题依然突出,保障粮食有效供给面临众多约束条件。目前我国在粮食安全方面的法律保障不足,威胁粮食安全根基的各种潜在因素仍未彻底清除,一些地区耕地非农化、非粮化问题不容忽视。必须加快制定出台《中华人民共和国粮食安全保障

法》，从法律层面为粮食生产、加工、储藏、运输、收购和销售等环节做出制度性安排，提升粮食安全治理效能，为新时期我国粮食安全保驾护航。制定《粮食安全保障法》是大力实施乡村振兴战略、满足人民食物消费需求提档升级的必然要求。我国居民的粮食消费观念已经发生了从“吃饱”到“吃好”的根本转变，更加注重安全营养、绿色有机，迫切需要一部保障粮食安全的法律对粮食质量安全做出规范。

参考文献

曹历娟、洪伟，2009，《世界粮食危机背景下我国的粮食安全问题》，《南京农业大学学报》（社会科学版）第 2 期。

程国强、陈良彪，1998，《中国粮食需求的长期趋势》，《中国农村观察》第 3 期。

李国祥，2014，《2020 年中国粮食生产能力及其国家粮食安全保障程度分析》，《中国农村经济》第 5 期。

李蓬勃、闫晓冉、徐东瑞，2014，《BP 神经网络和多元线性回归在粮食产量空间分布预测中的比较》，《干旱区资源与环境》第 9 期。

梁姝娜、张友祥、王学稹，《基于 BP 神经网络和 Logistic 模型的中国人均粮食产量预测研究》，《华南师范大学学报》（社会科学版）第 5 期。

吕新业、胡非凡，2012，《2020 年我国粮食供需预测分析》，《农业经济问题》第 10 期。

马永欢、牛文元，2009，《基于粮食安全的中国粮食需求预测与耕地资源配置研究》，《中国软科学》第 3 期。

米健、罗其友、高明杰，2013，《粮食需求预测方法述评》，《中国农业资源与区划》第 3 期。

王惠婷，2013，《基于混合时间序列模型的粮食产量预测》，《统计与决策》第 12 期。

杨克磊、张振宇、和美，2015，《应用灰色 GM（1，1）模型的粮食产量预测研究》，《重庆理工大学学报》（自然科学）第 4 期。

周曙东、周文魁、林光华等，2013，《未来气候变化对我国粮食安全的影响》，《南京农业大学学报》（社会科学版）第 1 期。

Study on Strategies to Ensure National Food Security in the New Era

Zhang Jinhua; Xu Wen

Abstract: Food security has always been a fundamental strategic issue involving national economy and social stability, which is an important cornerstone of safeguarding national security. Since the 21 century, the resources of food production are under obvious pressure, and the space for increasing food production is limited; the food requirements for feed is rigidly increasing, and the structural contradiction between food supply and demand has become prominent; the international situation is complicated, and the risk of imported food supply has increased, which brings huge challenges to food security in the new period. The multi-dimensional challenges require China to attach great importance to the stability of food supply and the structure of grain varieties. It is a new idea to guarantee our food security in the new era to arrange production effectively according to judging the situation of food supply and demand, so as to maximize the use of resources and meet the demand of residents for a reasonably nutritious diet. The key to China's food security in the coming period lies in ensuring the balance between grain supply and demand, and to implement policies based on the characteristics of production and consumption by product. The quantity and quality of ration crop should be increased to realize the high-quality development of grain industry; for fodder crops, efforts should be made to increase yields of soybean and corn, expand the planting area of soybean, and strengthen strategic control over resources and markets.

Keywords: food security; balance between supply and demand; nutritious diets; product-based approach

城乡政策偏向对粮食生产化肥投入及其利用效率的影响*

李谷成　李欠男　梁梦瑶　吴怡萍**

摘要：当前中国粮食生产存在化肥投入过量、利用效率低下的问题，而加大农业支持政策是促进化肥减量增效的重要途径。本文基于2003—2018年省级面板数据，首先运用随机前沿生产函数测算化肥利用效率，然后通过空间杜宾模型考察城乡政策偏向对粮食生产化肥投入及其利用效率的影响。结果表明：第一，考察期内粮食生产化肥平均投入强度呈波动上升趋势，化肥平均利用效率较低。第二，城乡政策偏向对粮食生产化肥投入及其利用效率具有显著的空间效应，能够降低化肥投入强度、提高化肥利用效率。第三，城乡政策偏向对粮食生产化肥投入及其利用效率具有显著的直接效应和间接效应，这意味着各地区协同发力能够促进化肥减量增效。基于此，应深化城乡融合发展，加强地区间交流与合作，提高粮食生产社会化服务水平。

关键词：城乡政策偏向　化肥投入强度　化肥利用效率　空间杜宾模型

* 本文系国家社会科学基金重大项目“新形势下我国农业全要素生产率提升战略研究”（项目批准号：18ZDA072）、湖北省教育厅哲学社会科学研究青年项目“数字化、资源配置与农业生产率——以湖北省为例”（项目批准号：22Q183）的阶段性研究成果。

** 李谷成，华中农业大学经济管理学院院长、教授、博士生导师。李欠男（通讯作者，liqiannanedu@163.com），湖北文理学院经济管理学院讲师、硕士生导师。梁梦瑶，南宁学院信息工程学院辅导员。吴怡萍，华中农业大学经济管理学院讲师。

一、引言

化肥作为粮食生产过程中的重要投入要素，对保障我国粮食安全发挥了巨大作用。但是，近年来我国粮食生产中的化肥投入量不断增加，从 2003 年的 20.20 千克/亩增长到 2018 年的 24.91 千克/亩[①]，远远超过了国际安全使用上限。《全国农业可持续发展规划（2015—2030年）》指出，我国化肥利用率不足三分之一（农业部，2015）。化肥过量投入不仅造成资源浪费、生产成本上升，也加剧了土壤、水体污染和温室气体排放，甚至对农产品质量安全、居民身体健康构成严重威胁，阻碍了粮食产业的高质量发展（Huang & Jiang, 2019；张灿强、王莉、华春林等，2016）。2017 年《第二次全国污染源普查公报》显示，种植业总氮和总磷排放量分别达到了 71.95 万吨、7.62 万吨（生态环境部，2020）。在此背景下，2005 年中央一号文件明确提出要推广测土配方施肥；2015 年农业部进一步提出到 2020 年实现化肥使用量零增长目标；2016—2019 年中央一号文件连续强调要深入开展化肥减量行动，推进有机肥替代化肥。可见，在保障粮食安全的同时，如何降低化肥施用强度、提高化肥利用效率已成为粮食产业提质增效的重要议题。

关注城乡政策偏向对粮食生产化肥投入强度及其利用效率的影响具有重要意义。一方面，化肥是粮食的“粮食”，对保障粮食安全具有举足轻重的作用。但是化肥对粮食生产的边际贡献率逐渐下降，提高化肥利用效率成为有效控制面源污染和保障粮食安全的重要途径，这需要行之有效的农业支持政策（李新华、巩前文，2016）。另一方面，近年来国家实施的一系列农业支持政策取得了明显成效，有效提高了化肥投入的利用效率。例如，测土配方施肥补贴提高了粮食产量，减少了化肥施用量（邓祥宏、穆月英、钱加荣，2011）；秸秆还田既可以促进化肥

---

① 数据综合历年《全国农产品成本收益资料汇编》而得。

减施,又可以提高土壤肥力(李廷亮、王宇峰、王嘉豪等,2020);耕地轮作休耕能够显著降低化肥投入强度,改善农业生产环境(王善高、田旭、周应恒,2019)。但是,这些研究主要关注某一特定政策对化肥投入及其利用效率的影响,难以从更加宏观的政策视角理解二者的关系。尤其是近年来在农业支持政策密集出台的背景下,尚未发现有文献系统考察城乡政策偏向对粮食生产化肥投入及其利用效率的影响。当前,我国已进入城乡一体化发展新阶段,并逐年加大对"三农"的支持力度(魏后凯,2016),这将会促进农业生产要素的优化配置(郑宏运、李谷成,2020),也会对化肥投入及其利用效率产生影响。因此,考察城乡政策偏向对粮食生产化肥投入强度及其利用效率的影响就显得尤为重要。

基于此,本文将重点分析城乡政策偏向对粮食生产化肥投入及其利用效率的影响。首先,利用2003—2018年省级面板数据,采用随机前沿生产函数(SFA)测算粮食生产化肥利用效率,分析其时空变化特征;其次,考虑到政策实施及其化肥投入可能存在的空间相关性,本文采用空间杜宾模型分析城乡政策偏向对粮食生产化肥投入及其利用效率的直接影响和空间溢出效应,为实现我国农业的化肥减量增效提供政策依据。

二、 文献综述

近年来,化肥过量施用问题备受关注。纪月清等(2016)、孔凡斌等(2018)等对化肥施用的程度进行实证测算,均发现我国化肥投入存在过量施用现象。化肥过量施用给生态环境带来了严峻挑战,而提高化肥利用效率则成为解决化肥过量施用的关键(蔡荣、陶素敏,2020)。目前已有文献对化肥利用效率的测度,主要采用农田试验和生产前沿面分析方法。亚达夫(Yadav, 2003)、加布里埃尔等(Gabriel, Alonso-Ayuso & García-Gonzálezet al. , 2016)、李红莉等(2010)基于农田试验区的调研数据对化肥利用效率进行实证分析，均发现化肥的利用效率较为低下。杨增旭等（2011）、何悦等（2019）利用随机前沿生产函数对粮食作物化肥利用效率进行测量，发现粮食作物的化肥利用效率普遍较低。刘华军等（2019）运用数据包络分析（DEA）测算了农业整体的化肥利用效率，发现不同地区的化肥利用效率存在较大差异和区域异质性。

在测算化肥利用效率的基础上，已有文献对化肥投入及其利用效率的影响因素展开了讨论。例如，机械化（蔡荣、陈佩，2021）、耕地细碎化（史常亮、张益、郭焱等，2019）、劳动力结构（王则宇、李谷成、周晓时，2018；张晓晗、马恒运，2022）、教育水平（朱森林、李谷成，2022）等是影响化肥投入及其利用效率的重要因素。另外，也有研究关注农业支持政策对化肥投入及其利用效率的影响，包括农业补贴政策等。例如，葛继红等（2012）指出国家财政支农资金，尤其是与化肥有关的补贴降低了农民使用化肥的成本，但也间接导致了化肥要素市场的扭曲；李江一（2016）发现农业补贴政策显著提高了化肥等生产要素投入；如果对农业补贴建立合理利用的引导机制，则有可能提高化肥利用效率（李静、李晶瑜，2011）；易航等（2022）发现良种补贴政策降低了化肥施用量。

总体来看，上述文献对化肥利用效率及其影响因素进行了分析，并探讨了农业支持政策对化肥投入及其利用效率的影响。不过，农业支持政策具有多样性，不同政策对化肥投入及其利用效率的影响各不相同，难以从宏观上反映农业支持政策对化肥投入及其利用效率的总体影响。而且，随着工业化、城市化水平的提高，近年来我国政策在某种程度上经历了从城市偏向到农村偏向的转变，加大了对农业农村的支持力度，这会促进生产要素优化配置，提升要素利用水平（Cordes & Nadin, 2019）。实际上，粮食生产化肥投入及其利用效率与城乡政策偏向密切相关：城乡政策偏向能够为生产要素优化配置提供良好的制度环境，使得粮食生产者可以根据市场信息做出生产决策，从而对化肥投入及其利用效率产生影响。然而,尚未发现有文献从更广阔视角考察城乡政策偏向对粮食生产化肥投入及其利用效率的影响。

此外,已有研究忽略了空间因素对粮食生产化肥投入及其利用效率的影响。随着市场经济体制日益完善,劳动力、资本、技术等生产要素在地区间的流动越来越频繁,并呈现出显著的空间相关性(吴玉鸣,2010)。此外,邻近地区的自然环境、粮食生产条件等较为相似,使得粮食生产要素投入表现出明显的空间相关性。由此,考察空间效应下城乡政策偏向对粮食生产化肥投入强度及其利用效率的影响就显得很有必要。

基于此,本文利用2003—2018年省级面板数据,对粮食生产化肥投入及其利用效率进行测算,运用空间杜宾模型考察城乡政策偏向对粮食生产化肥投入及其利用效率的影响。与已有研究相比,本文可能存在以下几个方面的边际贡献:一是从更为宏大的视角出发,关注城乡政策偏向对粮食生产化肥投入及其利用效率的影响,相较于特定的农业政策而言,城乡政策偏向可以提供更为一般性的结论;二是利用空间杜宾模型分析城乡政策偏向对粮食生产化肥投入及其利用效率的直接影响和空间溢出效应,有效弥补了已有文献只关注政策与化肥投入的直接效应,而忽略了空间相关性的不足;三是系统考察了城乡政策偏向对粮食生产化肥投入及其利用效率的影响,为促进化肥减量增效提供政策启示。

三、研究方法与变量界定

(一)研究方法

1. 化肥利用效率测算

已有文献多采用生产前沿面分析方法对粮食生产的化肥利用效率进行测算,这主要包括数据包络分析(DEA)和随机前沿生产函数

(SFA)方法。相较于DEA,SFA方法考虑了随机因素对产出的影响,更加符合农业生产特性。因此,本文参考吴延瑞(Wu,2011)的研究,首先利用随机前沿生产函数计算粮食生产技术效率,再进一步测算粮食生产化肥利用效率。

首先,论文构建随机前沿生产函数模型测算粮食生产技术效率,具体将其设定为C-D(Cobb-Douglas)函数模型:

$$\ln Y_{it} = \beta_0 + \beta_1 \ln L_{it} + \beta_2 \ln M_{it} + \beta_3 \ln F_{it} + \beta_4 \ln A_{it} + \beta_5 \ln P_{it} + (v_{it} - u_{it}) \tag{1}$$

式(1)中,Y_{it}表示第i个省份t时期的粮食产量,L_{it}、M_{it}、F_{it}、A_{it}、P_{it}分别表示粮食生产的劳动力、机械、化肥、农药和土地投入,β_1、β_2、β_3、β_4、β_5为待估系数;$v_{it} \sim N(0,\sigma^2)$是影响粮食产量的随机扰动项;$u_{it} \sim N^+(u_{it},\ \sigma_u^2)$是由于粮食生产过程中技术非效率引起的非负随机变量,且与v_{it}相互独立。式(1)采用最大似然法进行估计,并定义$\sigma^2 = \sigma_u^2 + \sigma_v^2$、$\gamma = \sigma_v^2 / \sigma_u^2 + \sigma_v^2$。$\gamma$的估计值可以反映出技术非效率的显著性。

技术效率(technical efficiency,TE)指数表示粮食产出与潜在最优产出的比值,具体计算公式为$TE_{it} = e^{-u_{it}}$。当$u_{it} = 0$时,$TE_{it} = 1$,表示不存在技术无效率;当$u_{it} > 0$时,$0 < TE_{it} < 1$,则表示存在技术无效率。

然后,为进一步计算化肥利用效率,假设生产不存在技术无效率,即$u_{it} = 0$。如果其他生产要素保持不变,那么减少化肥施用量到最小量F_{it}^*,可以得到:

$$\ln Y_{it} = \beta_0 + \beta_1 \ln L_{it} + \beta_2 \ln M_{it} + \beta_3 \ln F_{it}^* + \beta_4 \ln A_{it} + \beta_5 \ln P_{it} + v_{it} \tag{2}$$

将式(1)与式(2)相减得到:

$$\beta_3(\ln F_{it}^* - \ln F_{it}) + u_{it} = 0 \tag{3}$$

化肥利用效率(fertilizer efficiency,FE)指在产出和其他投入要素不变的情况下,化肥的最小施用量与实际施用量的比值。二者比值越大,表示化肥利用效率越高;反之,则表示化肥利用效率越低。具体可以表示为：$FE = F_{it}^{*}/F_{it}$、$\ln FE = \ln F_{it}^{*}/F_{it} = \ln F_{it}^{*} - \ln F_{it}$。结合式（3），我们可以得到化肥利用效率的计算公式：

$$FE = e^{-u_{it}/\beta_3} \tag{4}$$

2. 空间相关性分析

在测算化肥利用效率的基础上，本文进一步探讨空间因素对粮食生产化肥投入及其利用效率的影响。本文采用 Moran's I 指数来检验城乡政策偏向、粮食生产化肥投入及其利用效率的空间相关性，具体表示如下：

$$\text{Moran's I} = \frac{\sum_{i=1}^{n}\sum_{j=1}^{n} W_{ij}(x_i - \bar{x})(x_j - \bar{x})}{S^2 \sum_{i=1}^{n}\sum_{j=1}^{n} W_{ij}} \tag{5}$$

式（5）中，x_i、x_j分别为 i 地区和 j 地区的观察值，$\bar{x}$、S^2为观察值的样本均值和方差；W_{ij}为空间权重矩阵。Moran's I 指数的取值范围是[-1，1]，大于 0 表示粮食生产化肥投入及其利用效率具有正向空间相关，小于 0 表示存在负的空间相关性，等于 0 表示不存在空间相关性。

本文根据两个地区间地表距离的倒数来构建地理距离矩阵 W_{ij}：

$$W_{ij} = \begin{cases} 1/d_{ij}, i \neq j \\ 0, i = j \end{cases} \tag{6}$$

式（6）中，d_{ij}是根据各省份行政中心所在位置的经纬度进而计算出地理距离。两个地区的距离越近，则权重越大；反之，则权重越小。

3. 空间计量模型设定

在空间相关性分析的基础上，本文将空间因素引入计量经济学模型，构建空间杜宾模型（spatial Durbin model）。具体如下：

$$Fertilizer_{it} = \rho_{it}\sum_{j=1}^{N} W_{ij}\, Fertilizer_{jt} + \beta_0 + \beta_1\, Bias_{it} + \sum_{k=1}^{7} \beta_{1+k}\, Control_{kit} + \theta_1 \sum_{j=1}^{N} W_{ij}\, Bias_{it} + \sum_{k=1}^{7} \theta_{1+k} \sum_{j=1}^{N} W_{ij}\, Control_{kit} + \mu_i + \lambda_t + \varepsilon_{it} \tag{7}$$

$$\mathrm{Efficiency}_{it} = \rho_{it}\sum_{j=1}^{N} W_{ij}\,\mathrm{Efficiency}_{jt} + \beta_0 + \beta_1\,\mathrm{Bias}_{it} + \sum_{k=1}^{7}\beta_{1+k}\,\mathrm{Control}_{kit} + \theta_1\sum_{j=1}^{N} W_{ij}\,\mathrm{Bias}_{it} + \sum_{k=1}^{7}\theta_{1+k}\sum_{j=1}^{N} W_{ij}\,\mathrm{Control}_{kit} + \mu_i + \lambda_t + \varepsilon_{it} \tag{8}$$

式(7)和式(8)中,Fertilizer、Efficiency 表示化肥投入强度及其利用效率,Bias 为城乡政策偏向变量,Control 为各控制变量;ρ 为被解释变量空间滞后项的系数,β_1—β_8为解释变量的系数,θ_1—θ_8为解释变量空间滞后项的系数,β_0为常数项;W_{ij}同上,为空间权重矩阵;u_i为地区效应,λ_t为时间效应,ε_{it}为残差。

(二)变量选择

1. 因变量

本文因变量为粮食生产化肥投入强度与粮食生产化肥利用效率。其中,粮食生产化肥投入强度用单位面积化肥施用量来衡量,即各省份化肥施用量与农作物播种面积的比值。粮食生产化肥利用效率通过前文随机前沿生产函数模型测算得到。在模型测算中,产出变量为粮食产量,投入变量为粮食劳动力、机械、化肥、农药及土地投入。由于统计数据中缺少粮食生产的直接投入数据,本文参考王跃梅等(2013)的处理方法,将农业投入相关数据进行加权折算从而得到粮食投入数据。

2. 核心解释变量

本文核心解释变量为城乡政策偏向。论文借鉴侯新烁等(2016)、郑宏运等(2020)的研究,从各省份政府工作报告中选取“城”“镇”“市”和“乡”“村”“农”的词频数,并设定词频数比为(乡+村+农-乡村-农村)/(城+镇+市-城镇-城市)。比值越大,则表明政府当年的政策重点越偏向于农村发展;比值越小,则表明城市发展是政府当前关注的要点。政府工作报告代表了政府每年的发展意向,即在总结上一年工作的基础上规划和布局当年的工作，因而选用该词频数较为贴近现实，具有一定的合理性。

3. 控制变量

参考已有研究，本文选取的控制变量包括：① 农业财政支出。以各省份农林牧渔财政总支出表示，并按农村居民消费指数折算为2003年的不变价。理论上，农业财政支出对保障粮食安全发挥了重要作用，会对化肥施用产生影响。② 产业结构。用农业总产值占地区生产总值的比重来衡量。③ 城市化水平。以城镇人口占年末总人口的比重来衡量。④ 农村居民人均收入。以各省份农村居民人均可支配收入表示，并利用农村居民消费价格指数折算成2003年不变价格水平。农村居民收入的增加能够放宽资金约束对粮食生产要素投入的限制，进而对农民的化肥施用行为产生影响（杨增旭、韩洪云，2011）。⑤ 收入结构。用家庭经营性收入占农村居民人均总收入的比重来衡量。家庭经营性收入比重越高，表明农业生产者对粮食生产的依赖性就越高，就越可能对化肥的合理利用产生影响。⑥ 老龄化。用农村65岁及以上人口占15岁及以上总人口的比重来表示（王则宇、李谷成、周晓时，2018）。老龄劳动者虽然体力不如年轻劳动者，但由于积累了丰富的粮食生产经验，可能更加擅长精耕细作。⑦ 有效灌溉率。以有效灌溉面积占农作物播种面积的比重来表示。化肥的施用与灌溉密不可分，有效灌溉率将会对粮食生产化肥投入及其利用效率产生影响。

（三）数据来源

本文选取2003—2018年30个省、自治区、直辖市[①]的数据进行实证分析。粮食播种面积、粮食产量、有效灌溉面积、化肥施用量、农业机械总动力、农林牧渔从业人员、农业总产值、农业财政支出、地区生产总值、农村居民人均收入、地区生产总值指数等均来自国家统计局和历年

---

① 由于数据可得性，研究范围未包括西藏和港澳台地区。

统计年鉴。老龄化以及人口数据来自《中国人口和统计年鉴》(2004—2019)。城乡政策偏向数据通过 Stata 15.1 软件从政府报告中抓取关键词,然后进行词频统计。表 1 汇报了主要变量的描述性统计结果。

表 1 主要变量的描述性统计

变量	均值	标准差	最小值	最大值
化肥投入强度(吨/公顷)	0.35	0.13	0.13	0.80
化肥利用效率	0.42	0.06	0.26	0.74
城乡政策偏向	1.14	0.44	0.15	5.17
农村居民人均收入(元)	5894	3489	1565	20 904
农业财政支出(亿元)	218.50	173.30	7.02	863.90
产业结构(%)	29.00	13.00	4.00	65.00
城市化水平(%)	51.00	16.00	13.00	90.00
收入结构(%)	47.00	16.00	4.00	89.00
老龄化(%)	13.00	4.00	1.00	37.00
有效灌溉率(%)	41.00	16.00	15.00	100.00

四、实证结果分析与讨论

(一)粮食生产化肥投入及其利用效率的时空变化特征

图 1 显示了 2003—2018 年粮食生产化肥投入及其利用效率变化趋势。[①] 从图 1-1 可以看出,考察期内粮食生产的化肥平均投入强度呈波动上升趋势:2003 年粮食生产的化肥平均投入强度为 0.30 吨/公顷,之后呈现逐年平缓上升的趋势;2013 年粮食生产化肥平均投入强度为 0.38 吨/公顷,达到了顶峰;在此之后,粮食生产化肥平均投入强度开始下降,但下降的幅度较小,仅下降了 0.10 吨/公顷。由图 1-2 可知,

① 此处省略汇报随机前沿生产函数的估计结果,有兴趣者可向作者索取。

2003—2018 年粮食生产化肥平均利用效率缓慢提高,但整体效率水平仍偏低;2003 年粮食生产化肥平均利用效率仅为 0.30,之后呈波动上升趋势,在 2018 年达到 0.52,这说明我国粮食生产的化肥利用效率仍然存在很大提升空间。

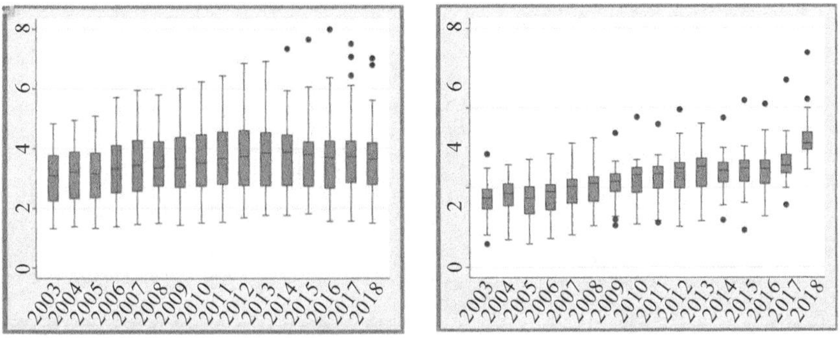

图 1　2003—2018 年粮食生产化肥投入及其利用效率变化

注:1. 左,图 1 - 1:化肥投入强度;2. 右:图 1 - 2:化肥利用效率。

(二)城乡政策偏向对化肥投入及其利用效率的影响估计

1. 空间相关性分析

在开展空间计量学分析前,本文首先利用 Stata 15.1 软件对 2003—2018 年粮食生产的化肥投入及其利用效率和城乡政策偏向进行空间相关性检验。表 2 给出了地理距离矩阵下 Moran's I 指数的估计结果。结果表明,化肥投入强度及其利用效率、城乡政策偏向均存在空间上的正相关性,但在不同年份略有波动。具体而言,化肥投入强度的 Moran's I 指数显著为正,集中分布在 0.111—0.292,说明相邻地区自然地理特征以及农户生产行为较为相似,使得化肥施用表现出显著的空间相关性,即化肥投入强度存在空间集聚效应。化肥利用效率的 Moran's I 指数总体呈正相关,但随着时间的推移,这种空间相关性减弱,可能是地区间化肥利用效率差距的逐渐扩大使得集聚效应变弱。城乡政策偏向的 Moran's I 指数显著为正,由 2003 年的 0.210 增长到 2018 年的

0.218，说明城乡政策实施在空间上相互依赖，存在明显的空间相关性。

表 2　Moran's I 指数实证检验结果

年份	化肥投入强度	化肥利用效率	城乡政策偏向
2003	0.279***	0.303***	0.210**
2004	0.292***	0.342***	0.136**
2005	0.275***	0.307***	0.161**
2006	0.266***	0.329***	0.237***
2007	0.258***	0.223***	0.050
2008	0.235***	0.277***	0.134**
2009	0.214***	0.157**	0.044
2010	0.191**	0.280***	0.110**
2011	0.183**	0.212***	0.277***
2012	0.183**	0.173***	0.124**
2013	0.165**	0.152**	0.312***
2014	0.156**	0.188***	0.122**
2015	0.151**	0.022	0.147**
2016	0.154**	0.042	0.117*
2017	0.142**	-0.095	0.283***
2018	0.111*	-0.078	0.218**

注：* $p<10\%$；** $p<5\%$；*** $p<1\%$。

2. 城乡政策偏向对粮食生产化肥投入及其利用效率的影响估计

参考 J. 埃尔霍斯特（Elhorst, 2014）的研究，本文首先对空间滞后模型、空间误差模型以及空间杜宾模型进行筛选和检验。通过拉格朗日乘数法（LM）和似然比（LR）检验发现，空间杜宾模型要优于空间滞后模型和空间误差模型。① 进一步地，论文利用 Hausman 检验发现，固定效应模型要优于随机效应模型。② 因此，本文选择空间杜宾模型中的

① 化肥投入强度的 LM、LR 检验值分别为 2.99 和 60.27，均拒绝了原假设。化肥利用效率的 LM、LR 检验值分别为 14.88 和 51.52，也拒绝了原假设。

② 化肥投入强度和化肥利用效率的 Hausman 检验值分别为 4.13 和 31.54，均拒绝了原假设。

固定效应模型实证考察城乡政策偏向对粮食生产化肥投入及其利用效率的影响。

表3汇报了城乡政策偏向对粮食生产化肥投入及其利用效率的估计结果。其中，模型(1)、模型(3)是未考虑空间效应的双向固定效应模型的估计结果，模型(2)、模型(4)则提供了考虑空间效应的双向固定效应模型的估计结果。比较模型(1)、模型(2)的估计结果，在未考虑空间因素的情况下，城乡政策偏向对粮食生产化肥投入强度的影响为负，但并不显著。在考虑空间因素的情况下，城乡政策偏向对粮食生产化肥投入强度的影响显著为负，表明城乡政策实施具有空间溢出效应，即城乡政策实施不仅可以降低本地区粮食生产化肥投入强度，还会对邻近地区化肥投入强度产生削减效应。比较模型(3)、模型(4)估计结果，城乡政策偏向对粮食生产化肥利用效率的影响均显著为正，表明加大农业支持力度能够显著提高粮食生产的化肥利用效率。政府在城乡发展政策的制定过程中倾向于给予农业农村更多支持，就能够优化粮食生产要素配置，提高化肥利用效率。另外，模型(2)、模型(4)中化肥投入强度与利用效率的滞后项(Rho)系数均通过了显著性检验，表明上一期化肥投入强度和利用效率对本期化肥投入强度和利用效率均会产生显著影响。

表3　城乡政策偏向对粮食生产化肥投入及其利用效率的影响

	化肥投入强度		化肥利用效率	
变量	模型(1)	模型(2)	模型(3)	模型(4)
城乡政策偏向	-0.008 (0.005)	-0.013** (0.005)	0.018** (0.007)	0.020*** (0.007)
财政支出	0.016*** (0.006)	-0.002 (0.010)	0.020** (0.008)	0.008 (0.014)
产业结构	0.014 (0.047)	0.004 (0.045)	-0.096 (0.067)	0.031 (0.065)
城市化水平	0.085*** (0.032)	0.007 (0.040)	-0.500*** (0.044)	-0.542*** (0.054)

续表

	化肥投入强度		化肥利用效率	
变量	模型(1)	模型(2)	模型(3)	模型(4)
农民收入	-0.016 (0.016)	0.079** (0.032)	0.115*** (0.022)	0.101** (0.047)
收入结构	-0.111** (0.048)	-0.115** (0.046)	0.347*** (0.067)	0.313*** (0.063)
老龄化	-0.261*** (0.088)	-0.186** (0.087)	0.457*** (0.121)	0.358*** (0.118)
有效灌溉率	0.325*** (0.033)	0.350*** (0.032)	0.240*** (0.046)	0.221*** (0.045)
W×城乡政策偏向		-0.028** (0.013)		0.038* (0.020)
W×财政支出		0.013 (0.014)		0.015 (0.041)
W×产业结构		0.722*** (0.213)		-0.728*** (0.182)
W×城市化水平		0.150** (0.076)		-0.408*** (0.116)
W×农民收入		-0.192*** (0.059)		-0.078 (0.123)
W×收入结构		-0.488** (0.201)		-0.096 (0.182)
W×老龄化		-0.255 (0.284)		0.809*** (0.286)
W×有效灌溉率		-0.466*** (0.121)		0.031 (0.130)
常数项	0.330*** (0.127)		-0.225 (0.173)	
Rho		-0.320** (0.144)		0.137* (0.080)
$sigma^2\_e$		0.001*** (0.000)		0.002*** (0.000)
R^2	0.473	0.260	0.322	0.167
样本数	480	480	480	480

注：括号内数值为标准误。* p<10%；** p<5%；*** p<1%。

此外,就各控制变量的估计结果来看,产业结构、城市化对粮食生产化肥投入强度、利用效率分别具有显著的正向、负向影响,说明随着产业结构的优化以及城市化水平的提高,粮食产业转型升级已迫在眉睫,这将会促使化肥施用方式从粗放化向集约化转变。农民收入增加降低了化肥投入强度,农业收入占家庭收入比重越高,农民在生产过程中就越注重低碳减排施肥方式。老龄化对粮食生产化肥利用效率的影响显著为正,说明老龄劳动者生产经验丰富,更可能采取精耕细作的生产方式,从而有利于提高化肥利用效率。有效灌溉率对粮食生产化肥投入强度产生显著的负向影响,说明水肥一体化有利于降低化肥投入强度。另外,财政支出对粮食生产化肥投入及其利用效率的影响尚未显现。

3. 城乡政策偏向对粮食生产化肥投入及其利用效率的直接效应和间接效应

上文实证表明,城乡政策偏向对粮食生产化肥投入及其利用效率具有显著的影响。本文进一步利用偏微分方法将城乡政策偏向的总效应分解为直接效应和间接效应(Lesage & Pace, 2009),结果见表4。从表4可以看出:从直接效应来看,城乡政策偏向的估计系数分别为-0.014、0.021,且通过5%、1%水平的显著性检验,表明城乡政策偏向显著降低了本地区粮食生产的化肥投入强度,提升了本地区粮食生产的化肥利用效率;从间接效应来看,城乡政策偏向的估计系数分别为-0.025、0.045,且通过5%、10%水平的显著性检验,表明城乡政策实施有利于促进邻近地区粮食生产的化肥减量增效,意味着化肥的合理利用在地区间能够产生较强的示范效应;从总效应来看,城乡政策偏向的估计系数分别为-0.038、0.067,均通过1%水平的显著性检验。总的来看,城乡政策偏向对本地区和邻近地区粮食生产的化肥减量增效均具有积极影响。

表4　城乡政策偏向对粮食生产化肥投入及其利用效率的直接效应与间接效应

变量	直接效应	间接效应	总效应
化肥投入强度			
城乡政策偏向	-0.014** (0.006)	-0.025** (0.011)	-0.038*** (0.010)
财政支出	-0.003 (0.009)	0.012 (0.013)	0.009 (0.009)
产业结构	-0.004 (0.049)	0.544*** (0.193)	0.541*** (0.189)
城市化水平	0.007 (0.044)	0.108* (0.065)	0.115** (0.048)
农民收入	0.076** (0.038)	-0.159** (0.065)	-0.083** (0.041)
收入结构	-0.109** (0.045)	-0.339* (0.177)	-0.448*** (0.165)
老龄化	-0.182** (0.087)	-0.156 (0.223)	-0.339 (0.210)
有效灌溉率	0.353*** (0.029)	-0.445*** (0.089)	-0.09 (0.096)
化肥利用效率			
城乡政策偏向	0.021*** (0.008)	0.045* (0.023)	0.067*** (0.025)
财政支出	0.007 (0.012)	0.018 (0.051)	0.025 (0.053)
产业结构	0.019 (0.069)	-0.810*** (0.236)	-0.791*** (0.249)
城市化	-0.551*** (0.056)	-0.553*** (0.150)	-1.104*** (0.155)
农民收入	0.090 (0.055)	-0.088 (0.131)	0.001 (0.145)
收入结构	0.313*** (0.060)	-0.033 (0.195)	0.280 (0.207)
老龄化	0.376*** (0.116)	0.966*** (0.354)	1.341*** (0.385)
有效灌溉率	0.213*** (0.043)	0.063 (0.144)	0.276* (0.158)

注：括号内数值为标准误。* p<10%；** p<5%；*** p<1%。

五、研究结论与政策建议

本文基于2003—2018年30个省份的面板数据，利用空间杜宾模型实证分析城乡政策偏向对粮食生产化肥投入及其利用效率的影响。研究结果表明：第一，2003—2013年粮食生产化肥平均投入强度呈缓慢上升趋势，之后化肥投入强度开始下降，但下降幅度较小；2003—2018年粮食生产化肥平均利用效率较低，存在很大的提升空间。第二，城乡政策偏向对粮食生产化肥投入及其利用效率具有显著的空间效应，能够显著降低化肥投入强度并提高化肥利用效率。第三，城乡政策偏向对粮食生产化肥投入及其利用效率具有显著的直接效应和间接效应，说明各地区协同发力能够促进化肥减量增效。

基于上述结论，本文提出政策建议：第一，深化城乡融合发展，补齐农业农村短板。目前我国城乡政策偏向由城市向农村转变，给予了农业农村发展更多的重视和支持，但粮食生产化肥施用强度大以及利用效率低的问题依然严峻。要从政策上引导化肥的合理利用，积极探索粮食绿色补贴政策，推广水肥一体化等环境友好型技术，从而促进化肥减量增效。第二，加强地区间交流与合作，发挥空间效应对粮食生产节肥增效的积极作用。化肥利用低效率地区要充分利用技术外溢效应，积极向化肥利用高效率地区学习粮食生产经验；化肥利用高效率地区要发挥其辐射带动作用，促进化肥利用效率的整体提升。第三，提高粮食生产社会化服务水平，降低城镇化、老龄化等对化肥利用效率提升的不利影响。随着城镇化水平的发展，青壮劳动力向城镇转移是必然趋势。未来可以通过机械、施肥等社会化服务对劳动力进行替代，并开展施肥技术培训，从而有效提升化肥利用效率。

参考文献

蔡荣、陈佩，2021，《农业机械化有助于化肥投入效率提升吗？——以小麦为例》,《中国农业大学学报》第 8 期。

蔡荣、陶素敏,2020,《中国农业化肥投入效率空间差异及动态变迁》,《华中农业大学学报》(社会科学版)第 6 期。

邓祥宏、穆月英、钱加荣,2011,《我国农业技术补贴政策及其实施效果分析——以测土配方施肥补贴为例》,《经济问题》第 5 期。

葛继红、周曙东,2012,《要素市场扭曲是否激发了农业面源污染——以化肥为例》,《农业经济问题》第 3 期。

何悦、漆雁斌、汤建强,2019,《中国粮食生产化肥利用效率的区域差异与收敛性分析》,《江苏农业学报》第 3 期。

侯新烁、杨汝岱,2016,《政府城市发展意志与中国区域城市化空间推进——基于〈政府工作报告〉视角的研究》,《经济评论》第 6 期。

纪月清、张惠、陆五一等,2016,《差异化、信息不完全与农户化肥过量施用》,《农业技术经济》第 2 期。

孔凡斌、郭巧苓、潘丹,2018,《中国粮食作物的过量施肥程度评价及时空分异》,《经济地理》第 10 期。

李红莉、张卫峰、张福锁等,2010,《中国主要粮食作物化肥施用量与效率变化分析》,《植物营养与肥料学报》第 5 期。

李江一,2016,《农业补贴政策效应评估——激励效应与财富效应》,《中国农村经济》第 12 期。

李静、李晶瑜,2011,《中国粮食生产的化肥利用效率及决定因素研究》,《农业现代化研究》第 5 期。

李廷亮、王宇峰、王嘉豪等,2020,《我国主要粮食作物秸秆还田养分资源量及其对小麦化肥减施的启示》,《中国农业科学》第 23 期。

李新华、巩前文,2016,《从“增量增产”到“减量增效”——农户施肥调控政策演变及走向》,《农业现代化研究》第 5 期。

刘华军、孙淑惠、李超,2019,《环境约束下中国化肥利用效率的空间差异及分布动态演进》,《农业经济问题》第 8 期。

农业部,2015,《全国农业可持续发展规划(2015—2030 年)》,http://www.moa.gov.cn/ztzl/mywrfz/gzgh/201509/t20150914_4827900.htm。

生态环境部,2020,《第二次全国污染源普查公报》,https://www.gov.cn/xinwen/2020—06/10/content_5518391.htm。

史常亮、张益、郭焱等,2019,《耕地细碎化对农户化肥使用效率的影响》,《自然资源学报》第12期。

王善高、田旭、周应恒,2019,《中国农业化肥施用量增长原因分解及其削减潜力分析》,《生态经济》第3期。

王跃梅、姚先国、周明海,2013,《农村劳动力外流、区域差异与粮食生产》,《管理世界》第11期。

王则宇、李谷成、周晓时,2018,《农业劳动力结构、粮食生产与化肥利用效率提升——基于随机前沿生产函数与Tobit模型的实证研究》,《中国农业大学学报》第2期。

魏后凯,2016,《新常态下中国城乡一体化格局及推进战略》,《中国农村经济》第1期。

吴玉鸣,2010,《中国区域农业生产要素的投入产出弹性测算——基于空间计量经济模型的实证》,《中国农村经济》第6期。

杨增旭、韩洪云,2011,《化肥施用技术效率及影响因素——基于小麦和玉米的实证分析》,《中国农业大学学报》第1期。

易航、顾蔚译、孙晋婕等,2022,《良种补贴政策的环境效应研究》,《中国环境科学》第10期。

张灿强、王莉、华春林等,2016,《中国主要粮食生产的化肥削减潜力及其碳减排效应》,《资源科学》第4期。

张晓晗、马恒运,2022,《农村劳动力弱质化对农业生产化肥利用效率的影响——基于机械化的调节效应分析》,《中国农机化学报》第8期。

郑宏运、李谷成,2020,《城乡政策偏向对农业资源配置效率的影响研究》,《农业技术经济》第7期。

朱森林、李谷成,2022,《教育能提高中国化肥利用效率吗?——基于不同类型教育的实证》,《长江流域资源与环境》第3期。

Cordes, V. & V. Nadin 2019, "Planning Interventions: Urban Bias, Social Reform and the City." *Planning Practice & Research* 34(1).

Elhorst, J. 2014, "Matlab Software for Spatial Panels." *International Regional Science Review* 37(3).

Gabriel, J., M. Alonso-Ayuso & I. García-González et al. 2016, "Nitrogen Use Efficiency and Fertilizer Fate in A Long-Term Experiment with Winter Cover Crops." *European Journal of Agronomy* 79.

Huang, W. & Jiang L. 2019, "Efficiency Performance of Fertilizer Use in Arable Agricultural Production in China." *China Agricultural Economic Review* 11.

LeSage, J. & R. Pace 2009, "Regional Convergence and International Integration." *Journal of Urban Economics* 48(2).

Wu, Y. 2011, "Chemical Fertilizer Use Efficiency and Its Determinants in China's Farming Sector: Implications for Environmental Protection." *China Agricultural Economic Review* 3(2).

Yadav, R. 2003, "Assessing On-Farm Efficiency and Economics of Fertilizer N, P and K in Rice Wheat Systems of India." *Field Crops Research* 81(1).

Impact of Urban and Rural Policy Bias on Fertilizer Input and Utilization Efficiency in Grain Production of China

Li Gucheng; Li Qiannan; Liang Mengyao; Wu Yiping

Abstract: China's grain production suffers from excessive fertilizer input and low utilization efficiency at present, and increasing agricultural support policies is an important way to promote fertilizer reduction and efficiency. Based on the provincial panel data from 2003 to 2018, this paper first uses stochastic frontier production function to measure fertilizer utilization efficiency, and then examines the impact of urban and rural policy bias on fertilizer input and utilization efficiency through the spatial Durbin model. The results show that: First, the average input intensity of chemical fertilizers in grain production fluctuates upward, and the average utilization efficiency of chemical fertilizers is low during the investigation period. Second, the urban and rural policy bias has a significant spatial effect on fertilizer input and utilization efficiency of grain production, which can reduce fertilizer input intensity and improve fertilizer utilization efficiency. Third, the urban and rural policy bias has significant direct and indirect on input and utilization efficiency of chemical fertilizers in grain production, which means that the coordinated efforts of various regions can promote the reduction and efficiency of chemical fertilizers. Based on this, it is necessary to deepen the integrated development of urban and rural areas, strengthen inter-regional exchanges and cooperation, and improve the level of socialized services for food production.

Keywords: urban and rural policy bias; fertilizer input intensity; fertilizer utilization efficiency; spatial Durbin model

农村金融

农业设施登记抵押担保融资改革*

——难点问题及对策建议

温　涛　王　刚　甘晓龙　蒋伯亨**

摘要：农业设施登记抵押担保融资是深化农村产权制度改革和金融支持全面推进乡村振兴的创新举措，有利于缓解困扰农业农村发展的“抵押难、担保难、贷款难”局面。当前，我国多地开展了农业设施登记抵押担保融资改革试点工作，一定程度上拓宽了新型农业经营主体的融资渠道，为在全国更大范围内复制推广积累了宝贵经验。但是，伴随着改革试点工作的推进，申请登记限制条件较多、手续与流程不够简便、农业设施估值缺乏科学性、供需主体参与积极性不高、相关金融产品开发供需契合度不足、长效处置方案与风险防范机制缺位等一系列难点问题也开始凸显。未来深化改革创新，必须进一步健全农业设施产权登记制度，打造一站式服务平台，加快发展专业涉农资产评估机构，针对性创新金融产品种类和模式，完善资金使用全过程监管机制，最终构建政府主导下的多层次风险分担及市场化应急处置运作机制。

关键词：农业设施　登记抵押担保融资　改革试点　对策建议

---

* 本文系国家社会科学基金重大项目“实现巩固拓展脱贫攻坚成果同乡村振兴有效衔接研究”（项目批准号：21ZDA062）、国家社会科学基金重点项目“建立解决相对贫困的制度体系与长效机制研究”（项目批准号：20AZD080）、中宣部文化名家暨“四个一批”人才项目“中国特色金融扶贫理论及机制创新研究”（项目批准号：中宣办发〔2017〕47号）的阶段性研究成果。

** 温涛，重庆工商大学校长。王刚，西南大学经济管理学院助理研究员。甘晓龙，西南大学经济管理学院副教授。蒋伯亨，西南大学经济管理学院博士研究生。

一、引言

党的十八大以来,以习近平同志为核心的党中央坚持把解决好“三农”问题作为全党工作的重中之重,全面打赢脱贫攻坚战,启动实施乡村振兴战略,推动农业农村取得历史性成就、发生历史性变革,“三农”面貌焕然一新,农业农村发展站在了更高历史起点上。党的二十大报告提出,要全面推进乡村振兴;坚持农业农村优先发展,坚持城乡融合发展,畅通城乡要素流动(习近平,2022)。金融是现代经济的核心,全面推进乡村振兴离不开金融的有力支撑。为此,习近平总书记(2022)在党的二十大报告中明确提出,完善农业支持保护制度,健全农村金融服务体系。

国内外理论与实践表明,农村金融是一个世界性难题,欠发达地区农户的金融需求及其可得性一直是学者关注的焦点问题(王煜宇,2022)。金融服务农村发展、农民增收存在明显的“门槛效应”约束(Greenwood & Jovanovic, 1990; Ram, 1999; Townsend, 2006)。相关研究普遍认为,由于地区经济差异、较高的信息成本以及有效抵押担保物缺失等原因,农业生产经营主体很难从正规金融机构得到充分的金融支持,因而落后地区农业农村发展存在明显的金融抑制现象(Udry, 1994; Demirgüç-Kunt & Levine, 2009; 刘西川、杨奇明、陈立辉,2014;温涛、张梓榆、王定祥,2018;米运生、石晓敏、张佩霞,2018;马九杰、亓浩、吴本健,2020)。目前,我国农村产权制度改革试点虽然积极推开,但相关权属正常的流转与处置无法形成整合性的交易网络,未能成为金融机构认可的有效抵押质押物,客观上很难保障贷款的安全性(彭澎、周月书,2022)。为此,中国人民银行(2022)《关于做好2022年金融支持全面推进乡村振兴重点工作的意见》明确提出:“创新设施农业和农机装备金融服务模式。鼓励金融机构拓宽农村资产抵质押物范围,开展农机具和大棚设施、活体畜禽、养殖设施等抵质押贷款。”

开展农业设施及地上种植、养殖物登记抵押担保融资改革创新工作，是深化农村产权制度改革、健全农村金融服务体系和金融支持全面推进乡村振兴的创新举措，能有效激活农村生产要素，增强农村发展活力，促进农民增收、农业增效和农村稳定，缓解农村金融“两难一贵”困境。受农业农村部委托，农村改革试验区农村金融与保险改革项目评估验收课题组先后到宁夏、广西、重庆、辽宁等相关试点地区进行实地调研，发现近年来农业设施登记抵押担保融资试点地区紧密围绕拓宽农业农村发展融资渠道主题，将农业设施登记抵押担保融资方式与深化农村产权制度改革相结合，在确权登记、产权估值、金融创新、流转处置、风险监管等多方面展开了有益探索，初步建立了农业设施登记抵押贷款机制。截至 2022 年，宁夏平罗县、广西田东县、重庆永川区和辽宁海城市分别办理农业设施登记抵押贷款 1.10 亿元、1.51 亿元、5.44 亿元和 10.72 亿元。农业设施登记抵押担保融资创新将农村沉睡资产变成流动资本，有力缓解了困扰农业农村发展的“抵押难、担保难、贷款难”局面。

为更好地发挥农业设施登记抵押担保融资创新在缓解新型农业经营主体因抵押物不足造成融资难问题中的积极作用，本文将系统总结当前各地农业设施登记抵押担保融资的主要做法及成功经验，查找困扰其发展的核心问题，并有针对性地提出相关建议，为进一步健全农村金融服务体系、加快农村金融服务创新、增强农村金融服务功能提供有益的决策参考。

二、农业设施登记抵押担保融资的主要探索及成效

各试点地区结合本地农业发展实际，对农业设施登记抵押担保融资方式展开的有益探索，形成了许多可复制推广的成功经验，加大了经营者农业投入力度，促进了新型农业经营主体成长，助推了现代农业高

质量发展。

（一）建立权属登记机制，明晰产权归属

各试点地区均制定了农业设施权属登记规程，从登记范围和登记程序两方面对农业设施确权颁证进行规范化管理。登记范围包括生产设施、附属设施和配套设施等，要求权属清晰、符合产业发展规划布局、剩余经营期限符合相关条件等。登记程序方面按照“资料齐备、调查摸底、分类明确、多级审核”等原则严格操作，力争做到公开透明、据实登记，最终颁发具备法律效力的凭证。

宁夏平罗县为99家新型农业经营主体的1.02万亩农业设施办理了权属证，中卫市沙坡头区仅中卫市沐沙畜牧科技有限公司就登记确权了面积27万平方米、价值3.1亿元的畜禽圈舍；广西田东县利用县内不动产登记中心平台，明确了涉农企业仓库、农业生产基地、农产品生产设备等产权价值15.4亿元；重庆永川区办理农业设施权属证9个，设施面积4.4万平方米，办理地上种植物权属证31个，涉及面积1.2万亩，还选择了具有本地特色的茶、果、花椒产业为发展集中且有一定规模的经营主体登记了地上种植物权；辽宁海城市为整个鞍山地区办理农业设施权属证615个。

（二）构建产权估值体系，量化抵押资质

各试点地区对农业设施价值评估开展了积极探索，形成了不同的评估机制及组织体系，具体包括：

其一，第三方评估。以海城市为典型，其建立纯公益性农村综合产权交易中心并提升了专业涉农资产估值能力。2017年，经鞍山市政府授权，该交易中心开始辐射、带动周边区域，承担鞍山市级农村产权交易市场的所有功能，如鞍山市禾道集团在该交易中心为310座温室办理了农业设施所有权证并融资3200万元。

其二，协商评估。以平罗县为典型，由抵押登记机关、金融机构、贷

款户三方共同对拟抵押农业设施的土地使用年限、地上附着物建设时间、投资强度及经营情况等进行实地勘验和综合考察，协商一致后进行估值，并按50%—70%的比例进行抵押。

其三，金融机构评估。以重庆永川区为典型，由于本地暂无具备资质的专业评估机构，相近地区（重庆主城区）虽有评估机构但收费较高，评估成本超出相关参与方的承担能力，因此在试点中大多由金融机构单方面开展价值评估工作，主要是中国农业银行永川支行和重庆市农业担保公司两家机构。

（三）创新金融产品种类，满足多元需求

各试点地区结合当地农村金融发展情况，进行了农业设施抵押贷款产品创新。

其一，组合贷款模式。平罗县等地将设施农业用地使用权与土地流转经营权、土地承包经营权、房地不动产权、大型机械、农业保险保单、生物资产等各类有效资产捆绑抵押贷款，以解决农业设施等单项资产额度受限的问题，充分活化农村各类产权权能，实现了“扩面提值”。同时，通过健全信用评价体系，对经营主体评星定级，当星级经营主体权证抵押额度不足时，可采用“抵押＋信用担保”的方式增加贷款额度。

其二，“银行＋担保公司”模式。金融机构除了直接以农业设施所有权、地上种植物所有权做抵押放贷外，还实行“银行＋农业担保公司”的抵押放贷模式。重庆永川区把农业设施及地上种植物所有权反担保抵押给重庆市农业担保有限公司，支持金融机构发放农业担保贷款，对100万元以下的贷款实行纯信用、免抵押、零保证金担保。

其三，“银行＋保险公司”模式。创新开展农业贷款保证保险试点，即由借款人向商业保险公司投保，银行以此保险为主要担保方式向借款人发放农业设施及地上种植物登记抵押贷款，通过市场机制分担和化解农业贷款风险。

（四）加强产权交易流动，探索处置机制

其一，交易流动方面。主要依托当地农村产权流转交易服务中心。例如，广西田东县农村产权流转交易服务中心为贷款抵押物处置提供平台，及时收集和发布各类产权流转交易信息，定期公布各类农村产权指导价格信息，组织产权流转、招拍挂等交易活动。平罗县建立健全了多级联网的农村产权交易平台，完善产权交易电子网络系统，逐步建立健全农业设施产权信息库，提高产权交易服务效率，防止违规操作。海城市农村综合产权交易中心将业务范围覆盖到整个鞍山地区，截至2022年，该交易中心已举行大型交易会57次，累计成交标的3952个，成交金额8.17亿元，实现土地规范流转66.87万亩，四荒地发包1.30万亩，林权流转0.20万亩，处置农村集体资产9730万元，流转交易农村生产设施价值达602万元。

其二，处置机制方面。多数试点地区组建抵押物处置工作组并精细分工，择优采用"贷款重组、按序清偿、协议转让、挂牌交易"等方式处置抵押物，同时鼓励国有公司进行承接。田东县对此类借贷纠纷案件开通"诉讼绿色通道"并扩大简易程序的适用范围；平罗县联合当地法院与农村产权交易中心共同设立了农村产权纠纷调解合议庭；重庆永川区按照政府引导与市场运作相结合的原则，探索成立资产管理公司以及引入第三方资产处置平台，专门处置农业设施及地上种植物抵押贷款的不良资产。

（五）强化融资风险控制，提升可持续性

其一，扩大涉农保险覆盖面。通过保险分散农业设施抵押贷款风险，同时鼓励保险机构联合银行业金融机构探索开展农业设施登记抵押贷款保证保险，以及加强对农业设施抵押贷款人的人身保险、机动车第三者责任保险等服务。

其二，开发创新保险产品。海城市围绕保险的风险保障功能和期

货市场的对冲功能，开发了多种重要农产品的价格指数保险，围绕种植业保险开发了涵盖土地租金和物化成本的农业大灾保险等。

其三，设立贷款风险分担机制。平罗县政府出资设立了相应的融资风险基金，当出现不良贷款时，由政府、贷款银行、人保财险平罗支公司三方按一定比例对贷款本息进行风险代偿和损失分担。

其四，建立资金使用监管机制。平罗县规定，贷款期限在一年以上的，金融机构要对借款人的信用、债务及抵押物情况等变化进行跟踪检查和监控分析，确保专款专用。

三、当前农业设施登记抵押担保融资的主要问题及风险点

农业设施登记抵押担保融资创新虽然取得了明显成效，但是距离服务好全面推进乡村振兴的目标还有很大提升空间。调研发现，对标中央精神，坚持农业农村优先发展，现有改革试点任务开展仍然存在明显的难点问题和薄弱环节亟待攻克。

（一）申请登记抵押融资的限制条件较多，普惠度不高

为规避风险，不少试点地区都对资金需求者参与融资的条件做出了诸多限制，在农产品品种、农业设施类型、种植养殖规模、经营时长等方面均有严格要求。部分试点地区还对资金用途有较强限制，只允许用于资金链的补充，而不能用于扩大生产规模所需的固定投资，一定程度上制约了现代农业规模化发展的金融供给。

以重庆永川区为例，有融资意愿且具有待估值农业设施或地上种植、养殖物的经营主体逾 60 家，但最终完成估值并获得抵押贷款的经营主体占比不足 15%，普通农户更是被限制条件全部拒之门外。[1] 高

---

① 数据来源：2021 年重庆永川区农业设施登记抵押担保融资方式试点工作专题调查。

参与门槛造成了普惠度不高以及资金流向集中的“精英俘获”现象。

（二）登记抵押的手续与流程不够简便，效率有待提高

大部分地区在试点中都存在效率较低的现象。申请人在农业设施的确权登记和抵押贷款申请两个阶段均需要提交繁多资料，经受较长的筹备周期，而后还需面对复杂的流程和较长的审核期。办理贷款担保、贷款保证保险等还需申请人自行前往相关金融机构线下操作，申请相应补贴也需自行申请线下办理并等待审核。相关流程的数字化、智能化程度不高，严重影响了放款效率和成功率。

在重庆永川区，经营主体即使在手续齐全的情况下，申请抵押贷款也需面临15天的审批周期，真正获得贷款资金往往需要三个月甚至更长时间；贵州湄潭县2018年有85项农业设施申请确权登记，最终仅2项完成确权颁证（刘磊，2021）。农业资金的需求存在即时性强的特点，放款效率是涉农金融的关键一环，当前确权登记颁证和抵押贷款申请的低效率严重降低了农业设施登记抵押贷款的吸引力和有效性。

（三）农业设施估值缺乏客观性与科学性，认可度较低

试点地区较为普遍地采用金融机构单方面评估价值模式，但被评估方被排除在估值过程之外，缺乏应有的话语权与平等身份，对于估值结果只能被动接受。根据重庆永川区的走访结果，此类评估模式中被评估方普遍认为估值结果低于实际价值并感到无奈。

在第三方评估模式中，除海城市发展出了专业的涉农资产评估机构外，其他地区大多聘请主营业务为房地产评估的机构，估值时主要依据地上建筑物的造价等因素，未充分考虑农业设施的潜在经济价值等，估值合理性仍然有限。

协商评估模式同样面临科学性不足的问题。协商评估虽能降低评估费用，但缺乏法律支撑，存在随意性较强的问题。平罗县的走访结果表明，经营主体大多认为估值结果低于其心理预期价格。

（四）供需主体主动参与的积极性不高，内生动力较弱

其一，商业性金融机构参与农业设施抵押贷款的内生动力不足。即使相关政策鼓励、引导商业性金融机构参与农业设施抵押贷款，但由于改革试点的高风险预期，商业性金融机构仍然缺乏参与的内生动力，主要体现为参与试点的商业银行数量较少。例如，田东县仅有农商银行田东分行参与，重庆永川区仅有农行永川分行参与，等等。

其二，新型农业经营主体申请农业设施抵押贷款的数量有限。截至 2020 年，重庆永川区新型农业经营主体总数为 4122 个，但仅有 18 个主体办理农业设施抵押贷款，不足其涉农贷款的 3‰[①]；以辽宁庄河市的数据为例，截至 2022 年，仅发放农业设施物权抵押贷款 23 笔，贷款余额 13 887 万元，占其涉农贷款余额的 5‰（刘建勋、杨永顺，2017）。当前农业设施登记抵押贷款还远未满足设施农业现代化发展的需要。

（五）金融产品的开发能力有待提高，供需契合度不足

其一，贷款产品设计未考虑农业产业的周期性特征，存在结构性错配。农业经营存在特有周期，如福建省漳浦县的花卉产业，大部分花卉的培育时间需要 6 年左右，而当前农业设施抵押贷款的期限大部分仅为 1—3 年，未能有效契合农业经营主体的资金需求。

其二，贷款产品创新的落实、推广程度不够。平罗县探索了资产捆绑抵押模式，但在实际操作中这类贷款的占比很小。农业经营主体的农业设施资产价值不足时，往往只能通过传统方式获取资金。重庆永川区 60 多家被调查有此类产品融资意愿的新型农业经营主体，仅有 9 家获得支持，并且只能满足其资金缺口的 30%—40%。[②] 当前，农业设施登记抵押贷款对于农村金融信贷约束的缓解作用尚未充分发挥。

---

① 数据来源：2021 年重庆永川区农业设施登记抵押担保融资方式试点工作专题调查。
② 数据来源：2021 年重庆永川区农业设施登记抵押担保融资方式试点工作专题调查。

（六）尚未建立长效处置方案，风险防范化解机制缺位

其一，普遍缺乏流畅的市场化流转渠道。部分试点地区尚未建立农业设施产权交易市场，一旦出现不良贷款，抵押物处置将面临换手率低、贬值快的状况。如重庆永川区出现一例大额不良贷款案例，面临相关设施物品处置困难，至今只能在政府投资产业基金平台挂账，未能有效处置；浙江象山县农业融资担保公司的某客户出现逾期，其反担保物是780亩杨梅山林，处置过程中担保公司曾对外公开发布招租信息却一直无人接手，而果林又需管护，只好暂由该客户管理。

其二，处置阶段的法律法规不健全。农业设施抵押物处置时涉及的权属人较多，如再次流转至少需要村民、村支两委、乡镇政府、债权方、受让方等五方同意，而当前相应法律法规不完善，易产生复杂纠纷。部分地区无专门的协调机构或资产管理公司帮助处理，多由债权方自行协调，处置难度大、变现能力弱，难以让按序清偿、协议转让等处置措施有效落地，后续推动压力较大。

其三，存在重复抵押及资金用途转移等隐患。例如，湄潭县探索将茶园道路、水利沟渠等众多类型的设施进行组合式抵押，但由于尚未使用多级联通的数字化农业设施登记系统，而是不同类型设施由不同机构进行登记，因此进行抵押时可能导致重复抵押和多头抵押问题。此外，大部分试点地区在资金用途监管方面缺乏有效措施。尽管农业设施抵押方案要求金融机构对借款人的信用、债务及抵押物情况等变化进行跟踪检查和监控分析，但由于成本、技术等原因并未充分落实。走访结果发现，部分地区存在转移资金用途的情况。

其四，尚未建立风险共担及防范化解长效机制。目前建立的多方风险分担体系设计仍以固定比例为主，模式较为僵化，未能较好体现各方权责利对等的精神，“凑角儿”的色彩较强，金融机构参与的内部动力不足。以象山县农业融资担保公司为例，其以农业设施及地上种植物等“非优质抵押物”作为反担保，为客户提供贷款担保。然而，由于台风等

自然灾害以及农产品价格波动等市场风险，该公司有65%的担保户遭遇不同程度损失，代偿数额达686万元。（农业部，2014）尤其在县级财政实力弱、资金筹措能力差、风险补偿有限的情况下，金融机构参与的长期积极性必然不高。

四、深化农业设施登记抵押担保融资改革创新的建议

针对现实问题，对标中央精神，坚持农业农村优先发展，未来深化农业设施登记抵押担保融资机制改革试点，必须进一步健全农业设施产权登记制度，打造一站式服务平台，加快发展专业涉农资产评估机构，针对性创新金融产品种类和模式，完善资金使用全过程监管机制，最终构建政府主导下的多层次风险分担及市场化应急处置运作机制。

（一）健全产权登记制度，全面推进颁证确权工作

其一，以《民法典》“土地承包经营权”“抵押权”为基准，完善农业设施产权登记制度。设施农用地和农业设施存在权利性质不清与权利边界不明等问题，导致农业设施产权登记存在诸多法律风险。尽管中共中央办公厅、国务院办公厅印发了《〈关于完善农村土地所有权承包权经营权分置办法的意见〉的通知》（中办发〔2016〕67号），自然资源部会同农业农村部也印发了《关于设施农业用地管理有关问题的通知》（自然资规〔2019〕4号），但从法治政府建设视角出发，政策的推行还需法律的确认与协调。虽然《民法典》“用益物权编”与“担保物权编”并无对“农业设施”的直接规定，但《民法典》允许“农业设施”确权登记。为此，应以《民法典》“土地承包经营权”“抵押权”等相关规定为基准，明确农业设施与农业设施用地之间的权利界限，并制定“农业设施物权登记管理办法”，以法治化的方式健全农业设施建设的备案、处分登记等制度，确保农业设施所有权确认登记、农业设施转让、抵押等物

权处分登记有法可依。

其二，加强组织领导，全面展开实地勘察，对农业设施确权颁证做到"应确尽确"。应当由县（区）级人民政府负责农业设施确权颁证工作，成立由相关部门组成的农业设施确权颁证工作组。向基层干部和广大群众宣讲确权登记颁证政策，积极引导群众参与和支持确权登记颁证工作，对备案登记的设施农业用地进行全面调查摸底，具体包括温室（移动大棚）、养殖圈舍、农产品加工流通场地、晒场、农产品保鲜库、渔场等农业设施，分类明确农业设施用地使用权，清理、规范并完善相关合同。

其三，由县（区）级不动产登记中心负责农业设施产权登记，并做好数字化归档。在实地勘测基础上，乡镇审核无误后，对权属清晰且不存在争议的农业设施进行确权，权证由农村产权流转交易服务中心以县（区）政府名义颁发。农业设施权属证书需载明以下事项：农业设施名称、所处位置、权属人姓名、发证机关、发证日期、有效时间以及其他应载明事项等。县（区）级不动产登记中心做好相关权利证书的登记、补发和变更工作，对相关权属登记簿进行数字化建库归档，确保权属清楚、合同规范、权证齐全、账簿完备，便于金融机构、政府部门等查询、取证，最终建立起完善的农业设施抵押登记制度。同时，加快制定产权变更和抵押登记管理细则，建立常态化工作机制，解决农村产权因标的物权属不明而难以开展价值评估的问题。

（二）建设产权交易中心，搭建数字服务平台，提供一站式服务

其一，建立多级联网的现代化农村产权交易平台，建立健全农业设施产权信息库，提高产权交易服务效率。建立县（区）级农村产权流转交易服务中心，并在乡镇设立农村产权流转交易服务站，完善各乡镇农村产权交易服务站与产权交易电子网络系统；健全多级联网的农村产权交易平台，建立农业设施产权信息库，实现县（区）、乡镇联网办理农

村产权流转交易事项，提高产权交易服务效率。

其二，完善农村产权交易中心经营管理机制，打造一站式服务平台。赋予农村产权交易中心产权抵押贷款平台职能，整合涉农部门的登记抵押职能，打造农村产权交易信息发布、产权交易鉴证服务、产权抵押贷款服务、农村资产评估、农业投融资服务、政策法规咨询等一站式服务平台。要求县域所有农村产权抵押贷款在农村产权交易中心办理抵押手续，杜绝抵押物多头抵押或重复抵押行为，有效防范、控制金融风险。

其三，依托金融科技搭建数字金融服务平台，为农业设施登记抵押贷款提供便捷服务。增强涉农资产抵押融资数字化的深度与广度，搭建数字金融服务平台，实现信用、贷款、支付的有效融合，提升农业设施登记抵押融资贷款服务质量，实现服务数字化、消费网络化、交易信息化。

（三）加快发展专业机构，提高评估的客观性与科学性，提升抵押融资主体参与积极性

其一，发展专业涉农资产评估机构。在条件成熟地区，发展和培育专业化涉农资产评估机构，除完成本地涉农资产评估外，同时辐射周边地区；对于交通不便、经济落后等地区，起步阶段可尝试依托地方政府涉农平台公司与专业资产评估机构联合开展评估工作，逐步提高涉农资产评估能力，最终实现独立评估。另外，要积极吸引评估机构入驻农村产权交易平台，对于入驻平台的评估机构开展业务，政府可给予相应的补贴，并合理降低农户申请贷款涉及的农村资产评估费。

其二，制定涉农资产价值评估操作规程。构建科学评估体系，制定评估管理办法与技术规范等业务准则，形成标准化的评估流程和框架，确保评估价格的客观性与科学性。依托农村产权交易平台等汇总农业设施信息，定期发布农村产权平均交易价格与市场分析报告，确保评估价格的时效性。在专业评估的基础上，采取信息交换、友好磋商的方式，降低服务费用，提升评估结果认可度和公信力，增强涉农资产抵押

融资的效率与可持续性。

其三,设定差异化抵押率。针对不同类型的农业设施设定不同的抵押率,让农业经营主体了解各类农业设施可获得的信贷资金额度。充分考虑不同类型涉农资产的潜在经济价值,结合农业设施等资产的折旧、损耗等客观因素导致的价值贬损,科学设定不同的抵押率。在规范的价值评估基础上进一步明确抵押率的浮动范围,同时提供标准化的合同模板。

(四)创新产品种类和模式,满足不同经营主体的多元化资金需求

其一,创新农业设施抵押担保贷款种类。坚持目标导向、精准对标、分类施策原则,根据不同规模化经营的农业经营主体融资需求,创新农业设施登记抵押贷款产品,制定贷款操作细则,细化贷款对象、贷款流程、贷款期限、利率及风险处置等内容。科学设计农业设施产权与其他资产进行捆绑抵押的方案,以解决单项农村产权抵押贷款额度受限的问题。鼓励将农业设施抵押贷款与经营主体的信用信息相结合,采用"抵押+信用担保"模式解决经营主体在权证抵押额度不足时的问题。考虑农业生产经营周期长的特点,探索循环可续贷机制,促使改革成效更加符合实际和农民意愿。

其二,创新农业设施抵押担保融资模式。一方面,在农业设施登记抵押融资贷款中,加大与农业担保公司合作力度,将农业设施反担保抵押给农业担保公司,支持金融机构发放农业担保贷款,完善"银行+农业担保公司"模式;另一方面,推广"银行+商业保险公司"模式,创新开展农业贷款保证保险试点,由借款人向商业保险公司投保,银行以此保险为主要担保方式向借款人发放农业设施抵押贷款,通过市场机制分担和化解农业贷款风险。此外,还应积极引导银行、保险、担保和政府等多元主体进行有效结合的模式探索及创新。

其三,提供优惠贷款利率。金融机构应与地方政府签订合作协议,

约定对农业设施等农村各类产权抵押贷款，严格按照人民银行当月公布的贷款市场报价利率（LPR）加点确定。同时，推出农村产权抵押融资专项信贷产品，一次授信、循环使用、不用无息，简化审核程序，实现增品提效。

（五）加强信用信息体系建设，建立资金使用的全过程监管机制

其一，加快建设农村信用信息体系。依托人民银行与国家市场监督管理部门，协同构建涵盖政府职能部门、市场主体的信息共建共享机制与平台。按照各方协同、服务社会的整体思路，通过多元化收集渠道，采用大数据与人工智能等信息技术建设统一的农户、小微企业和新型农业经营主体的信用信息系统。增强信用信息采集与统计工作的主动性，完善农村主体信用画像，并通过开放共享相关涉农数据来构建信用信息共享平台。及时更新和完善信用信息，通过有效整合工商、税务、司法、环保、医保、社保、水电缴费等信息，降低信息搜集成本，保障信用体系时效性。

其二，实现对贷款信息的实时管理。充分运用金融科技，实现农户、新型农业经营主体、金融机构、金融监管机构、政府部门等多方的互动互联、信息共享机制。运用大数据技术，实现涉农信用信息、资金供需信息、抵押担保信息、产权确权与流转信息、逾期贷款信息、贷款使用信息等相关数据的动态分析与实时管理，运用区块链技术在同步共享的基础上实现数据溯源与防窜改，确保数据安全。

其三，建立贷款资金使用监管机制。县（区）、乡镇政府要明确相关监管部门对贷款资金使用的实时管理，制定相关监管方案，定期监管资金去向，定期走访相关企业或农户，动态监测资金的使用去向，保证资金落到实处。健全完善信用信息征集服务体系、信用评价制度、信息通报与应用制度、信用保障和政策支持体系四项机制，将遵纪守法、遵守村规民约、遵守社会公德、诚实守信纳入农村信用体系，让农民感受到

诚实守信对生产经营和增收致富的正向激励，不断提高农村地区主体的信用意识，优化农村金融生态环境。

（六）建立政府主导的多层次风险分担机制，推广市场化应急处置运作机制

其一，构建多方协作工作机制，与农村各项改革任务统筹推进。各试点地区的实践证明，农村各项改革任务只有相互融合、互促互补、互利互惠、统筹推进，才能不断释放改革叠加效应，最大限度激发农业农村发展活力，实现产权要素活化、资产高效利用、金融环境改善和农业生产方式创新，才能真正提升农民的获得感和幸福感。推进农业设施登记抵押融资、解决处置难题及风险防控，亟须将农村土地、农村产权、农村金融创新等各项改革统筹协调推进，由各县（区）党政主要领导牵头，成立多部门协调的工作小组，制定工作方案和具体实施办法，做好组织实施工作和考评工作。

其二，建立健全利益共享、风险共担机制。要打破传统的“政银担”或“政银保”固定比例承担信贷风险的格局，构建利益共享、风险共担的体制机制，明确各类金融机构、农户、农民专业合作社、涉农企业之间的风险分担比例，形成政府与银行、保险公司、担保公司、农业经营主体等多方合力，拓宽涉农资产抵押融资的风险分担和缓释渠道。积极探索银行与保险和担保的长效合作机制，创新服务模式，扩大农业保险和农业担保的覆盖水平和范围。鼓励保险公司创新商业性涉农保险产品形式，扩大政策性保险业务范围，建议开发以农业设施为保险标的的财产险，稀释因自然灾害等不可抗力导致抵押物毁损、灭失而产生的违约风险。建立农村产权抵押贷款风险预警机制，实行风险排查常态化，掌握准确的风险信息，尽早发现风险苗头，及时发出预警报告，做到贷款风险全程管理。在风险隐患上升时，要充分明确银行、保险、担保和政府各自的职责，压实政府优化金融生态的责任，堵住金融机构“退路”。

其三，共建区域性农村产权交易市场。充分利用农村产权交易中

心平台，及时发布抵押物信息，有效对接供求信息，提高抵押物处置效率并对其处置流程、交易规则与周期予以规范，化解资产变现难的困境。创新运营机制，强化政策集成，健全配套体系，建设区域性农村产权交易市场，推动抵押物信息在更大市场内流动，提高交易的效率和质量，充分发挥交易平台的价格发现功能，进一步提升抵押物处置效率。

其四，组建农村资产收储经营公司。吸纳社会资本投资，整合农村建设的土地整治、农田水利建设等业务，探索组建农村资产收储经营公司，作为政府授权机构专门负责农村产权抵押贷款中产生的不良资产盘活利用。推动市县（区）联动合作成立涉农抵贷资产收储公司，以市场化手段开展涉农不良债权收储、委托租赁等业务，鼓励有产权使用、交易需求的市场主体组建农村产权收储联盟，采取整合出租、挂牌转让、入股、再流转等方式合理处置农业设施等抵押资产，逐步建立起依法处置、政府引导与市场化运作相结合的农村产权抵押贷款不良资产处置机制。

参考文献

刘建勋、杨永顺，2017，《推动农业设施物权抵押贷款发展的路径选择》，https://www.financialnews.com.cn/qy/dfjr/201701/t20170103_110570.html。

刘磊，2021，《拓展乡村振兴资金来源，开展农业装备设施抵押贷款试点》，https://www.financialnews.com.cn/qy/dfjr/202101/t20210105_209093.html。

刘西川、杨奇明、陈立辉，2014，《农户信贷市场的正规部门与非正规部门——替代还是互补？》，《经济研究》第11期。

马九杰、亓浩、吴本健，2020，《农村金融机构市场化对金融支农的影响：抑制还是促进？——来自农信社改制农商行的证据》，《中国农村经济》第11期。

米运生、石晓敏、张佩霞，2018，《农地确权与农户信贷可得性——准入门槛视角》，《学术研究》第9期。

农业部,2014,《浙江:一个农业担保公司的“呼声”》,http://www.moa.gov.cn/hdllm/zxft/bxwh/xgxw/201404/t20140423_3882294.htm。

彭澎、周月书,2022,《新世纪以来农村金融改革的政策轨迹、理论逻辑与实践效果——基于2004—2022年中央“一号文件”的文本分析》,《中国农村经济》第9期。

王煜宇,2022,《新型农村金融机构法律制度研究:基于法经济学的分析范式》,北京:法律出版社。

温涛、张梓榆、王定祥,2018,《农村金融发展的人力资本门槛效应研究》,《中国软科学》第3期。

习近平,2022,《高举中国特色社会主义伟大旗帜,为全面建设社会主义现代化国家而团结奋斗——在中国共产党第二十次全国代表大会上的报告》,《人民日报》10月26日,第1版。

中国人民银行,2022,《关于做好2022年金融支持全面推进乡村振兴重点工作的意见》,https://www.zunyi.gov.cn/ztzl/rdzt/xczxgzzt/zc/gjj/202210/t20221027_76935214.html。

Demirgüç-Kunt, A. & R. Levine 2009, "Finance and Inequality: Theory and Evidence." *Annual Review of Financial Economics* 1.

Greenwood, J. & B. Jovanovic 1990, "Financial Development, Growth, and the Distribution of Income." *Journal of Political Economy* 98(5).

Ram, R. 1999, "Financial Development and Economic Growth: Additional Evidence." *Journal of Development Studies* 34(5).

Townsend, P. 2006, "What Is Poverty? An Historical Perspective." *Poverty in Focus* 9.

Udry, C. 1994, "Risk and Insurance in A Rural Credit Market: An Empirical Investigation in Northern Nigeria." *Review of Economic Studies* 61.

Reform and Innovation of Agricultural Facility Registration Mortgage Guarantee Financing

Wen Tao; Wang Gang; Gan Xiaolong; Jiang Boheng

Abstract: Agricultural facility registration mortgage guarantee financing is an innovative measure to deepen the reform of rural property rights system, as well as to provide financial support to comprehensively promote rural revitalization. The registration of agricultural facilities as a mortgage guarantee financing can also conducive to alleviating the situation of "difficulty in mortgage, guarantee and loan" that plagues agricultural and rural development in China. At present, many places in China have carried out the pilot reform of agricultural facility registration mortgage guarantee financing, which has broadened the financing channels of new agricultural business entities to a certain extent, and accumulated valuable experience for replication and promotion on a larger scale across China. However, with the progress of the reform pilot work, a series of difficult problems such as many restrictions on application and registration, insufficient simplicity of procedures and processes, lack of scientific evaluation of agricultural facilities, low enthusiasm to participate in the mortgage guarantee financing of agricultural facility registration between financial suppliers and business entities, insufficient compatibility of the development of related financial products, and lack of long-term disposal plans and risk prevention mechanisms have also begun to emerge. In the future, to deepen reform and innovation, it is urgent to further improve the property rights registration system for agricultural facilities, create a "one-stop" service platform, accelerate the development of professional agriculture-related asset appraisal and evaluation institutions, innovate the types and models of financial products in a targeted manner, improve the supervision mechanism for the whole process of the use of funds, and finally build a multi-level risk sharing and market-oriented emergency response operation mechanism under the guidance of the government.

Keywords: agricultural facility; registration mortgage guarantee financing; pilot reform; countermeasures and suggestions

新发展阶段创新农业保险体制机制的逻辑*

——目标、现实与内在要求

顾海英**

摘要:在迈向现代化新征程重要转折和"三农"工作重心历史性转移之际,厘清创新农业保险体制机制重要性的逻辑,有利于推动农业保险发挥支农资金放大器、农业生产稳定器、"三农"工作助推器的作用。创新农业保险体制机制是新发展阶段解决"三农"问题的目标要求,也是破解现代农业发展困境的现实要求,还是健全农业支持保护制度和深化现代农村金融体系改革的重要抓手,更是推进农业保险高质量发展的内在要求。创新的农业保险体制机制要体现新阶段、新理念、新格局以及高质量发展的内涵要求。

关键词:农业保险　农业支持保护制度　农村金融服务体系　新发展阶段

长期以来,中国农业保险实践起伏跌宕,导致对农业保险发展目标、机制、实践和存在问题等方面的研究不活跃、不深入、不连续,尤其缺乏理论解释,这显然不适合新发展阶段促进农业高质高效、全面推进乡村振兴、加快实现农业农村现代化的需要。因此,有必要厘清新发展阶段创新农业保险体制机制重要性的逻辑,以推动农业保险真正发挥

* 本文系国家社会科学基金重大项目"推进中国特色农业农村现代化的理念、动力与路径研究"(项目批准号:22ZDA058)的阶段性研究成果。

** 顾海英,上海交通大学安泰经济与管理学院教授。

支农资金放大器、农业生产稳定器、“三农”工作助推器的作用。创新农业保险体制机制是新发展阶段解决“三农”问题的目标要求，也是破解现代农业发展困境的现实要求，还是健全农业支持保护制度和深化现代农村金融体系改革的重要抓手，更是推进农业保险高质量发展的内在要求。因此，创新的农业保险体制机制要体现新阶段、新理念、新格局以及高质量发展的内涵要求。

一、解决“三农”问题，实现农业农村现代化的目标要求

“民惟邦本，本固邦宁。”在迈向现代化新征程重要转折和“三农”工作重心历史性转移之际，针对“三农”呈现的短腿、短板和弱项，习近平总书记曾多次强调：“没有农业农村现代化，就没有整个国家现代化。”（新华网，2018）这一认知和判断，决定了十九大以来中央“坚持农业农村优先发展，全面推进乡村振兴”（全国人民代表大会，2021）战略的目标指向，其目的在于伸长“四化同步”的短腿，补齐农业农村现代化的短板，增强“三农”发展的弱项。

如何才能实现目标？首要的还在于“强化以工补农、以城带乡”（全国人民代表大会，2021），并在此基础上加大对农业农村的投入和支持。进一步的问题是投入和支持的“钱”从哪里来，这需要健全多元投入和支持保障体制机制。应该看到，近年来，国家通过财政转移支付的投入和支持不断增加，但仍存在资金不足和使用效率低下等问题。为此，党的十九届五中全会对迈向新征程的农业农村现代化发展做了总体部署，提出“深化农村改革”的目标要求，明确指出：要在“健全农业支持保护制度”“健全农村金融服务体系”“发展农业保险”（全国人民代表大会，2021）等方面开展深化改革。在2020年末召开的中央农村工作会议上，习近平进一步指出：“全党务必充分认识新发展阶段做好‘三农’工作的重要性和紧迫性，坚持把解决好‘三农’问题作为全党工作

重中之重,举全党全社会之力推动乡村振兴,促进农业高质高效、乡村宜居宜业、农民富裕富足。”(人民日报,2020)并在论及粮食安全问题时强调:“要调动农民种粮积极性,稳定和加强种粮农民补贴,提升收储调控能力,坚持完善最低收购价政策,扩大完全成本和收入保险范围。”(人民日报,2020)基于此,2021 年 2 月发布的中央一号文件对完善农业支持保护制度、健全农村金融服务体系、发展农业保险等方面的深化改革做出了具体部署。

长期以来,中国对农业保险的理论研究既不活跃也不深入,农业保险实践也因不同时期的问题而起伏跌宕。自 1934 年中国开启农业保险的历史先河开始,农业保险的发展可谓经历了五个阶段。一是 1934—1949 年。这一时期主要由大学或私人保险公司进行尝试性农业保险,农业保险类型主要有私营商业保险、保险合作社保险、官办农业保险机构保险三种。二是 1950—1958 年。这一时期主要由国有农业保险机构中国人民保险公司推动兴办农业保险,范围从耕牛保险开始扩展至养殖业保险,又扩展试办包括水旱风雹等自然灾害以及病虫害造成的农作物减产保险。农业保险在 1959—1981 年的很长时间内处于停办状态。三是 1982—1996 年。1982 年,中国人民保险公司恢复兴办农业保险且发展迅速,同年底全国就有十几个省、自治区、直辖市的部分城镇和农村,先后试办耕牛保险、奶牛保险、养猪保险、大牲畜保险和农作物保险,之后又发展设计了 100 多个其他农业保险品种。自 1987 年开始,又对建立农业保险合作社进行试点,并选择 9 个县进行以传统救灾项目(房屋保险、农作物保险、农业劳动力的意外伤害和大牲畜保险等)为业务范围的农村救灾合作保险试验,取得了成功。尽管这一时期的农业保险也有几度起伏,但在试办过程中仍涌现出了多种农业保险试办模式,极大丰富了农业保险的理论与实践,出现了很多农业保险的经验模式。应该说,这一阶段是中国农业保险发展最为迅速、规模最大的一个时期(陈锡文,2004)。四是 1996—2004 年。1996 年中国人民保险公司进行改制后,更加追求企业效益最大化,农业保险越发不适应这种商业性运作模式。自此以后,农业保险在全国逐渐处于一种萎缩状态。其时只有两个地区的保险公司还在继续开展农业保险工作:一个是中国人民保险公司上海分公司,主要采取与政府共保以及“以险养险”手段,利用“政府组织推动,结余留存地方”的方法经营农业保险;另一个是1987年兴办的新疆生产建设兵团保险公司,主要采取农村互助保险,被认为是一种特殊性质的保险,具备一些社会保险特征,但也于1999年正式退出。五是2004—2020年。农业保险由于其独特的分散自然风险的能力,以及被认为是世界贸易组织(WTO)的绿箱政策之一,引起决策部门的广泛关注,2004—2005年连续两年的中央一号文件都明确提出要建立政策性农业保险制度。基于此,2004年9月17日,中国第一家专业性股份制农业保险公司上海安信农业保险股份有限公司正式揭牌,它是以原中国人民保险公司上海分公司农险部为基础成立的专业性农业保险公司。随后,中国又连续批准成立了安华农业保险股份有限公司、法国安盟保险公司以及黑龙江阳光农业互助保险公司等。在1991年上海试点实施由财政支持农业保险16年之后,2007年中国开始采取一系列政策措施扶持全国农业保险发展。此后,中国农业保险进入快速发展的新时期,中国成为世界上仅次于美国的全球第二大农业保险市场。另据资料显示,中国农业保险中95%以上的市场份额都是政策性农业保险(庹国柱等,2018)。

上述可见,中国农业保险在五个阶段80多年的实践中,只有改革开放以来的两个阶段(1982—1996年、2004—2020年)相对活跃,但对实践中存在问题的分析也不深入、不连续,尤其是缺乏理论解释,这样的理论研究和实践状况显然不能满足新发展阶段的目标要求。事实上,早在2019年中央全面深化改革委员会审议并同意的《关于加快农业保险高质量发展的指导意见》就已经显示了中央为迈向新征程所做出的谋划,提出了农业保险助力农业高质高效、推进乡村振兴、促进农业农村现代化的目标与路径,并明确指出:“农业保险作为分散农业生产经营风险的重要手段，对推进现代农业发展、促进乡村产业振兴、改进农村社会治理、保障农民收益等具有重要作用。”（财政部，2019）

二、破解发展困境，提高农业质量效益和竞争力的现实要求

“洪范八政，食为政首。”农业是国民经济的基础，古今中外概莫能外。长期以来，党和国家一直高度重视农业发展，尤其是粮食生产，取得了举世瞩目的巨大成就，其重大标志是：中国用世界上不到9%的耕地、不到7%的淡水，生产了世界上25%的农产品，养活了世界上20%的人口。但在看到如此辉煌成就的同时，也必须看到中国为此所付出的巨大投入以及生态资源环境受损的代价，进而导致一些发展矛盾和问题滋生、累积、凝结，逐步形成阻碍现代农业发展的瓶颈。

新发展阶段下，中国现代农业发展面临如下困境：一是两个“天花板”在顶，即国内主要农产品价格高于进口价格，继续提价遇到了“天花板”；属于黄箱政策范畴的农业补贴受到WTO规则限制，部分补贴继续增加也遇到了“天花板”。二是一个“地板”抬升，即农业生产成本不断增加。人工、农机作业、土地流转等费用上涨很快，种子、化肥、农药等农业生产资料价格也在攀升。三是两道“硬约束”在身。从生态环境来看，过度施用化学产品，不仅使耕地越种越薄，还带来了严重的面源污染、白色污染，进而使得农村环境问题愈发严峻，严重危及农业可持续发展和农产品质量安全，生态环境承载能力越来越接近极限。为此，在“绿水青山就是金山银山”理念引导下，国家采取了一系列“硬约束”措施，以保护生态环境。从要素资源来看，随着工业化、城镇化的推进，资源开发利用强度过大，使得耕地不仅数量在减少，质量也在下降，农业生产用水缺口呈扩大之势。为此，在“坚持节约资源和保护环境”的基本国策指导下，国家同样采取了一系列“硬约束”措施，以保护要素资源的总量和质量。四是面临内外部两大挑战。从内部条件约束来看，随

着中国经济发展进入新常态等一系列变化，加之世界百年未有之大变局和重大公共卫生事件的影响，经济增速和财政收入增幅有所下降，将考验国家以工补农的规模、增幅等。此外，宏观经济增速下降也会对工业的农产品原料需求形成约束。从国际市场冲击来看，对人多地少的中国而言，充分利用国际国内两种资源、两个市场，解决中国的农产品供给问题，缓解生态环境资源压力，甚或缓解贸易顺差过大等，都具有积极作用；但也存在风险，尤其是在世界百年未有之大变局、中美贸易摩擦频发的背景下，这种风险的挑战会加剧，会对具有国民经济基础地位的中国农业发展稳定产生不确定影响。事实上，农产品的大量进口，在某些方面已形成对中国相关产品价格的限制，进而影响相关产业的利润空间和持续发展。国外一些国家政治等方面不确定因素的作用，也会对中国农业的稳定性产生影响。

那么，新发展阶段中国的农业靠什么才能持续稳定健康发展？习近平总书记给出了准确的判断和发展指向："推进农业供给侧结构性改革，提高农业综合效益和竞争力，是当前和今后一个时期我国农业政策改革和完善的主要方向。"（新华社，2016）时任国务院总理李克强同志（2015）也强调："只能加快推进农业现代化，促进农业发展方式转变，从依靠拼资源消耗、拼农资投入、拼生态环境的粗放经营，尽快转到注重提高质量和效益的集约经营上来。"众所周知，新发展阶段的基本目标就是让我国从中等收入国家向高收入国家迈进，达到中等发达国家的水平，并在2035年基本实现社会主义现代化。基于此，新发展阶段要想"提高农业质量效益和竞争力""促进农业高质高效"，就必须通过完善农业支持保护制度、健全农村金融服务体系、发展农业保险等改革，以撬动、引导、助力现代农业的健康、稳定、可持续发展。

从国际实践来看，自19世纪开始，历史上使用私人来承担农业保险多重险（或者一切险）的尝试无一成功，主要原因是私人供给或商业性保险的市场失灵，即保险人和被保险人之间的信息不对称引起的逆向选择、道德风险（Knight & Coble, 1997）和交易成本过高。因此，从

20世纪30年代末以来，原本作为商业性财产保险的农业保险，已经转变为一些国家尤其是发达国家农业发展的政策和工具，不再是传统意义上的商业性农业保险，而是政策性农业保险。目前，越来越多的发达国家利用政策性农业保险这种机制和形式，不但管理着本国农业的风险，而且倾向于保护和发展本国的农业产业，并随着本国和国际农产品市场及其环境的变化，发挥着越来越多的重要功能和作用（庹国柱等，2018）。因此，基于新发展阶段的目标，有必要借鉴发达国家的经验，结合中国国情、发展阶段，分析农业保险助力农业高质高效发展的实现机制、发展模式和支撑体系等，从经济效应、社会效应、生态效应角度，开展创新农业保险体制机制设计；通过创新农业保险体制机制，破解上述现代农业发展困境，深化农业供给侧结构性改革，促进农业高质高效发展，提高农业质量效益和竞争力。

三、健全农业支持保护制度，深化农村金融改革的重要抓手

农业之所以需要支持保护，是因为农业在国民经济中的重要性及其自身发展的外部性。农业的这种重要性和外部性，决定了世界各国都积极采取措施，加大对农业的支持保护。中国也是如此，尤其是在2001年之后，中国一直在WTO的框架内实施对农业的支持保护。

在新发展阶段，中国通过什么路径来加大对农业的支持保护力度？上述“提价”“补贴”的支持保护方式遇到“天花板”，以及生产成本提升、生态资源环境受损和依赖进口不确定风险加大的现实已经表明，原有一些传统的农业支持保护方式已不能为继，更不能促进中国的农业高质高效发展。必须通过深化改革，“完善农业支持保护制度，构建面向农业农村发展需求的现代农村金融体系”（赵承、董峻、于文静，2021），“发展农业保险”（全国人民代表大会，2021）。

农业保险具有防范农业自然风险和市场风险、保障农产品供给、平

滑农产品价格、稳定农民收入等诸多方面的作用，这与新发展阶段解决“三农”问题、全面推进乡村振兴、加快农业农村现代化的目标要求一致。农业保险既是农业支持保护制度中的重要政策工具，也是现代农村金融体系的重要构成。针对上述中国现代农业发展亟待破解的困境，发展农业保险可作为建立与完善农业支持保护制度的重要抓手。理论上说，农业保险不仅能在时空维度分散农业生产、生态资源环境受损风险，减少农业产量和收入波动，而且能通过转移支付方式给予参保主体较多灾害和价格风险转移的成本补贴，实现农业部门和非农业部门之间国民收入的再分配，进而促进社会公平，增加社会福利。

新发展阶段亟待通过创新农业保险体制机制，助力建立数量质量生态并重的生产者补贴制度，支持耕地地力保护、粮食适度规模经营等，以实现农业高质高效发展。发展农业保险，还可作为深化现代农村金融体系改革的重要抓手。以此为抓手，可以规避或弥补农村金融机构存在的因抵押品缺乏或对抵押品产权歧视所产生的农村融资难、融资慢、融资贵等问题，进而为“三农”发展带来资金活水。2021 年中央一号文件提出“强化农业农村优先发展投入保障”“持续深化农村金融改革”“将地方优势特色农产品保险以奖代补做法逐步扩大到全国。健全农业再保险制度。发挥‘保险 + 期货’在服务乡村产业发展中的作用”“扩大稻谷、小麦、玉米三大粮食作物完全成本保险和收入保险试点范围，支持有条件的省份降低产粮大县三大粮食作物农业保险保费县级补贴比例”（中共中央、国务院，2021）等，显示政府将农业保险财政补贴作为支农政策的选择以及农业保险对农村金融体系改革的部署。

据笔者近期调查，一些地区应新发展阶段的要求，积极开展农业保险试点，已呈现出一批新型农业保险的实践，具体表现为：一是创新开展“农业保险 +”，推进农业保险与信贷、担保、期货（权）等金融工具联动，探索“保险 + 期货”“订单农业 + 保险 + 期货（权）”等模式；二是探索从保自然风险向保市场风险转变，推出露地种植绿叶蔬菜气象指数保险；三是创新从保险的“逆向赔付”转变为“正向激励”，调动农民保护耕地和生态环境的主动性与积极性，如上海设想推出耕地地力指数保险、浙江推出毛竹生态保险等；四是扩展农业保险的增信功能，提高农户信用等级，缓解农户贷款难、贷款贵问题，如上海首创针对涉农信用的小额信贷保证保险有效解决了农业经营主体融资难的问题；五是推动农业保险"保价格、保收入"，以保障农产品的有效供应，稳定农民收入，如上海淡季绿叶菜价格保险、海南罗非鱼养殖收入保险等。此外，一些地方还推出了农业台风巨灾指数保险，通过建立"农民一点通"平台实现农业数据和农险数据互换共享，等等。上述新型农业保险的实践显示，农业保险正发挥着经济补偿、放大财政资金支农效应的作用，已成为服务"三农"的重要渠道，已成为稳定农产品供给、助推农村金融体制改革的重要动力。但值得指出的是，对现有新型农业保险实践尚缺乏理论上的解释与提升，也缺乏很好的经验总结和推广，亟待开展深入研究。

四、 推进农业保险高质量发展的内在要求

新中国成立以来，得益于后发优势的发挥，中国经历了史无前例的快速工业化和城镇化进程。也可谓走了先行发展工业和城市，然后反哺农业和农村的刘易斯（W. Lewis）外延式扩张之路。新发展阶段需要践行"优先发展农业农村，全面推进乡村振兴"，以实现农业农村现代化。接下来的问题是，如何实施好十九届五中全会提出的"强化以工补农、以城带乡"（全国人民代表大会，2021）方针？实践已经证明，传统依靠输血解决"三农"问题的路径存在众多弊端，虽说短期内可在一定程度上发挥提高农民收入、稳定农产品产量的作用，但也带来了农业发展结构失衡、动力不足、不可持续等问题，且这种输血式的补偿不足以填平城乡收入差距的鸿沟，进而引致农村后备劳动力缺乏，农村出现凋敝风险。

新发展阶段，"以工补农、以城带乡"的反哺，必须要走舒尔茨（T.

Schultz)内涵式改造之路，也就是在保障财政转移支农资金总量稳定，并随经济增长比例不断增加的基础上，通过“深化农业农村改革”“健全农业支持保护制度”“健全农村金融服务体系”“发展农业保险”（全国人民代表大会，2021）等，使得农业支持保护方式朝着促进“农业高质高效、乡村宜居宜业、农民富裕富足”（人民日报，2020）的方向转变。值得指出的是，因农业尤其是粮食的重要性及其外部性，一些领域、一些作物品种现阶段仍要持续输血抑或投入，把诸多现代元素注入农业、注入种粮农民补贴，以解决“谁来种田（粮），如何种田（粮）”的困境。但更要按中央系列部署要求，通过深化改革，培育农村内生性的物质基础，激发农村发展内生动力，进而发挥增强造血功能。从2004—2021年发布的20来个中央一号文件来看，政府正以加大对农业保险的财政补贴作为支农政策的选择来调整现行农业“直补”的方式，将其逐步转变成农业保险这种间接补贴。基于此，国家对农业保险的要求也越来越高。中央全面深化改革委员会审议并同意的《关于加快农业保险高质量发展的指导意见》对农业保险的作用、目标等提出了总体要求。

更进一步，进入新发展阶段，如何按中央部署和要求，真正发挥好农业保险支农资金放大器、农业生产稳定器、“三农”工作助推器的作用？

需要通过创新农业保险体制机制，整合财政支农资源向农业保险补贴倾斜，协调政府、需求方、供给方三方主体关系。理论上说，政策性农业保险建立在农业保险市场失灵理论、农业保险福利分析理论基础之上，其中农业保险市场失灵理论是政府对农业保险市场进行干预的理论基础，也影响着政府对于农业保险支持与补贴的力度和态度。基于此，整合财政支农资源向农业保险补贴倾斜，必须创新农业保险体制机制，实施政策性农业保险。从理论和实践来看，实施政策性农业保险的主要依据如下：一是农业保险市场失灵现象使得政府对于农业保险的干预成为可能；二是农业保险是WTO规则允许的绿箱政策之一，具有强大的社会福利功效；三是农业保险具有准公共产品特性与外部性特征;等等。基于这些依据,结合新发展阶段的目标,应在如下方面创新农业保险体制机制:一是要与解决“三农”问题、全面推进乡村振兴、促进农业农村现代化的政策目标挂钩;二是要与农业高质高效发展、农产品安全保障挂钩;三是要与生态资源保护导向挂钩;四是要与激发新型经营主体内生动力挂钩。其目的是实现农业保险从低保障水平向高保障水平、从传统广覆盖向新型农业经营主体聚焦、从只保生产环节风险向承保初加工和流通领域风险、从单保农业生产向提供综合金融服务、从传统保险服务模式向数字化保险服务模式、从单纯的风险保障功能向农业支持绿箱政策等方面转变。

五、新阶段、新理念、新格局以及高质量发展的内涵要求

综上可见,新发展阶段下创新农业保险体制机制,对“全面推进乡村振兴、加快农业农村现代化”目标的实现,具有重要的理论与现实意义。

基于此,创新农业保险体制机制,首先要立足新发展阶段。以确保粮食安全、优化资源配置、促进农业高质高效、全面推进乡村振兴、实现农业农村现代化为立足点,进一步深入分析农业保险重要理论与现实意义的内在机制,以厘清创新农业保险体制机制目标取向。

其次要贯彻新发展理念。从创新理念来看,就是要针对发展动力转换,完善农业支持保护制度、发展农业保险;从协调理念来看,就是要针对结构转变,深化农业供给侧结构性改革,推动品种培优、品质提升、品牌打造和标准化生产;从绿色理念来看,就是要针对环境资源与经济发展关系,依据“两山”理念,引导实施耕地保护和投入品减量化;从开放理念来看,就是要针对利用两种资源、两种市场,落实藏粮于地、藏粮于技,以及支持农业企业走出去,等等;从共享理念来看,就是要针对社会公平正义问题,采取措施,实施对农业外部性的有效补偿,稳定和加

强种粮农民补贴、扩大完全成本和收入保险范围。

再次要服务新发展格局。农业服务于新发展格局，首要的就是牢牢把住粮食安全主动权，稳住农业基本盘，守好“三农”基础，这是世界百年未有之大变局之下应变局、开新局的压舱石（人民日报，2020）。基于此，农业保险可通过扩面、增品、提标等方面的创新，构建起农业高质高效和农业功能价值提升的实现机制。从供给层面看，通过土地、劳动、资本、化肥等农业要素的投入，在特定组织体系及技术体系生产环境中，农业输入的不仅是农产品产出，还应包括生态效应、景观效应、社会效应等非商品性产出，亦即农业的外部性效应；从需求层面看亦然，基于个体偏好、市场规模以及公共利益等因素考量，社会对农业形成的不仅限于物质需求，还包括精神需求、环境构成需求，要使这些产出、需求的效应、功能价值得以实现，就必须通过创新农业保险体制机制，完善农业支持保护制度，构建农业整体功能价值代替农产品物理价值的实现机制，规避生产者因对农业产量过度追求而对农地进行高强度利用，对化肥等外源物质的过度依赖；激励生产者对农业整体功能价值的追求，以“促进农业高质高效、乡村宜居宜业、农民富裕富足”（人民日报，2020）。

最后要加快农业保险高质量发展。要从推进农业保险高质量发展的起点和依据出发，在了解微观主体的诉求、风险偏好及其影响因素和目标遵从行为的基础上，根据目标引领，激发微观主体的农业保险需求。与此同时，还要针对国家宏观需要目标和微观主体的诉求、偏好和行为等，评价农业保险供给主体目前的运营满足产业链、供应链、价值链需要的程度，总结现有新型农业保险的实践经验和具有借鉴意义的国际经验，分析农业保险助力农业高质高效发展的实现机制、发展模式和支撑体系等，从经济效应、社会效应、生态效应角度，开展创新农业保险体制机制设计，提出发挥支农资金放大器、农业生产稳定器、“三农”工作助推器作用的设想和建议。

参考文献

财政部,2019,《关于加快农业保险高质量发展的指导意见》,http://www.gov.cn/xinwen/2019-10/12/content_5438771.htm。

陈锡文,2004,《中国政府支农资金使用与管理体制改革研究》,太原:山西经济出版社。

李克强,2015,《以改革创新为动力,加快推进农业现代化》,《求是》第4期。

全国人民代表大会,2021,《中华人民共和国国民经济和社会发展第十四个五年规划和2035年远景目标纲要》,https://www.gov.cn/xinwen/2021-03/13/content_5592681.htm。

人民日报,2020,《坚持把解决好"三农"问题作为全党工作重中之重,促进农业高质高效乡村宜居宜业农民富裕富足》,《人民日报》12月30日,第1版。

庹国柱等,2018,《"上海市农业保险调查及政策设计建议"课题报告》。

新华社,2016,《习近平李克强张德江俞正声刘云山王岐山张高丽分别参加全国人大会议一些代表团审议》,https://news.12371.cn/2016/03/08/ARTI1457443242096711_all.shtml。

新华网,2018,《习近平在中共中央政治局第八次集体学习时强调把乡村振兴战略作为新时代"三农"工作总抓手促进农业全面升级农村全面进步农民全面发展》,http://www.xinhuanet.com/politics/leaders/2018-09/22/c_1123470956.htm。

赵承、董峻、于文静,2021,《以全面推进乡村振兴促进中华民族伟大复兴——访中央农办主任、农业农村部部长唐仁健》,https://www.163.com/dy/article/G3DD1B6G05346RC6.html。

中共中央、国务院,2021,《关于全面推进乡村振兴加快农业农村现代化的意见》,http://www.moa.gov.cn/xw/zwdt/202102/t20210221_6361863.htm。

Knight, T. & K. Coble 1997, "Survey of U.S. Multiple Peril Crop Insurance Literature Since 1980." *Review of Agricultural Economics* 19.

The Innovating of China's Agricultural Insurance System and Mechanism in the New Era: Goals, Reality, and Internal Requirements

Gu Haiying

Abstract: At an important turning point in the new era towards modernization and a historic shift in the focus of "agriculture, rural areas, and farmers" in China, clarifying the logic of the importance of innovating the agricultural insurance system and mechanism is conducive to promoting the role of agricultural insurance as an amplifier of agricultural support funds, a stabilizer of agricultural production, and a booster of agriculture, rural areas, and farmers. Innovating the agricultural insurance system and mechanism is the goal requirement for solving the "Three Agricultural" Questions in the new development stage. It is also a practical requirement to solve the dilemma of modern agricultural development. It is also an important lever for improving the agricultural support and protection system and deepening the reform of the modern rural financial system. It is also an inherent requirement for promoting the high-quality development of agricultural insurance. The innovative agricultural insurance system and mechanism should reflect the connotation requirements of new stages, new concepts, new patterns, and high-quality development.

Keywords: agricultural insurance; agricultural support and protection system; rural financial service system; new era

捆绑参保、禀赋约束与农户政策性农业保险参与*

郑 姗 徐志刚**

摘要：政策性农业保险具有分散农业生产风险和稳定农民收入的功能，但现实中我国农业保险覆盖面和农户农业保险参与率一直存在较大提升空间。本文利用黑龙江、浙江、河南及四川四省的微观调查数据，在农业保险供给模式视角下，基于Logit模型分析了农户农业保险参与行为决策动机与过程。研究结果表明：捆绑参保对农户农业保险参与的负向作用明显受土地细碎化程度影响，土地细碎化程度越高，捆绑参保对农户农业保险参与的负向作用越强；捆绑参保对农户农业保险参与的作用受流动性约束的制约，即捆绑参保对受流动性约束较强的农户农业保险参与的负向作用更显著。因此，应规范创新保险产品供给体系、深化推进土地连片规模经营、完善农村信贷和就业市场，为农业保险需求不足扫除障碍。

关键词：捆绑参保 禀赋约束 农户农业保险参与 土地细碎化 流动性约束

---

* 本文系国家社会科学基金重大项目“我国三大平原‘资源—要素—政策’相协调的粮食和生态‘双安全’研究”（项目批准号：20&ZD094）的阶段性研究成果，受江苏省高校现代粮食流通与安全协同创新中心的资助。

** 郑姗，南京农业大学经济管理学院博士研究生。徐志刚，南京农业大学经济管理学院院长、南京农业大学金善宝农业现代化发展研究院副院长、教授。

一、引言

农业生产具有天然弱质性，自然灾害频发造成的生产风险仍然是农业发展面临的重要且主要风险之一。我国是世界上受自然灾害影响最严重的国家之一（叶明华、朱俊生，2018），灾害种类繁多、灾害发生频率高、受灾空间维度广、时间维度长、损失最为严重（史培军、王季薇、张钢锋等，2017）。民政部报告显示，我国每年因自然灾害造成5亿亩作物受灾和4亿多人次受损，直接经济损失高达3000亿—5000亿元，约占GDP的0.8%—1.2%。国家统计局数据显示，2020年自然灾害造成将近20 000千公顷的农田受灾面积，成灾率达5%。气候变化引致的自然灾害严重威胁了以农业为生的农民的生产生活，破坏了精准扶贫下的全民脱贫成效，阻碍了农业的可持续健康发展（王志刚、黄圣男、钱成济，2013）。

鉴于多重风险的巨大和高度暴露性，大规模、具有补贴性质的多重风险赔偿作物保险计划已成为政府风险缓解战略的重要组成部分。自2004年开始，我国积极探索和建立符合绿箱政策的政策性农业保险。特别是2007年中央财政实施农业保险保费补贴政策以来，农业保险的深度和广度得到有效拓展。政策性农业保险是以保险公司市场化经营为依托，政府通过保费补贴等政策扶持，对种植业、养殖业因遭受自然灾害和意外事故造成的经济损失提供直接物化成本的保险。补贴采用中央和地方政府共同承担保费大头、农户支付保费小头的分担模式（庹国柱，2018），农户实际只需承担20%左右的保费，就能将一部分风险转移给保险公司。随着我国政策性农业保险的推行，其在农业风险管理体系中发挥着越来越重要的作用，也逐渐成为最有效的风险管理工具之一（刘学文，2014）。但是，即便随着政策补贴范围的扩展和补贴额度的加持，却未带来农户对农业保险的广泛参与。中国仍有超一半的农作物面积未被农业保险覆盖（中国农业保险保障水平研究课题组，

2017)，有近三分之一的农户未购买过农业保险，如果剔除非意愿性购买(村集体统一强制购买)，这个比例将高达55%(郭军、谭思、孔祥智，2019)。

农业保险需求的疲软引起了学界的广泛关注，主要围绕农户个体特征(尚燕、熊涛、李崇光，2020；唐利群，2018；吴婷婷，2015)、家庭经营特征(陈新建、黄嘉升，2020；卢华、胡浩、傅顺，2016)、保险特征(侯煜庐、张峭，2019；郑沃林、罗必良、钟文晶，2020)、交易成本(郭翔宇、刘从敏、李丹，2016；姜岩、褚保金，2010)等方面进行了分析。例如，尚燕等(2020)基于玉米种植户的调查数据，发现风险规避的农户农业保险参与意愿更强；侯煜庐等(2019)研究认为，农业收入占比显著影响农户参保；郑沃林等(2020)研究发现，保费补贴对农户参保呈倒U形影响。

以上研究从不同方面考察了不同因素对农户农业保险参与的影响，但较少关注保险产品的供给特点。农业保险的最大特征在于信息不对称，基于此会引发逆向选择问题，即农户只为受灾率比较高的地块参保。为缓解和防范逆向选择问题，保险公司会对农户参保实施捆绑模式。目前捆绑模式多应用于市场营销领域，本质上是希望通过规模效应来获得更多的生产者剩余，达到“1 + 1 > 2”的效果。对保险行业捆绑模式的研究多聚焦于农村社会养老保险的家庭捆绑缴费模式，在自愿参保和普惠性制度背景下，家庭捆绑式缴费模式存在较大争议并引起了民众和学界的广泛讨论(乐章、冯艳，2016)。农业保险的捆绑参保模式是指农户农业保险参与的前提，是家庭种植同种作物的地块全部参保。在我国，这种对投保地块数量“规模性”要求的捆绑参保模式是否造成了农业保险需求不足？具体作用路径是怎样的？

为回答上述问题，本文将利用南京农业大学经济管理学院课题组在黑龙江、浙江、河南及四川四省的农户调查数据，从理论和实证两方面分析和验证捆绑参保模式对农户农业保险参与的决策动机影响及作用路径。本文的边际贡献主要在于，以农业保险供给模式为视角，揭示其对农户农业保险参与的影响及作用机制,为理解我国政策性农业保险需求疲软提供了一个新的视角,对优化农业保险产品和提高农业保险需求具有参考价值。

二、理论分析与研究假说

(一)捆绑参保、土地禀赋与农户农业保险参与

在我国现行农业保险保费补贴制度下,政府对农业保险的财政支持实行补贴包干制,在给予保险公司一定补贴之后不会对其经营损益兜底(易福金、陆宇、王克,2022)。为防范农户在保险购买中的逆向选择问题,如专门为土地质量差的地块投保,保险公司会通过捆绑参保模式降低经营风险。具体表现为,保险公司要求家庭种植同种作物的地块全部参保才会承保。这种捆绑参保模式是保险公司利用不同地块风险抵御能力异质特征,以风险汇聚实现风险对冲、缓解已承担风险的营销之策。但对于农户而言,捆绑参保将遏制其逆向选择的机会主义行为,增加保费缴纳压力,弱化参保动机。

捆绑参保的设定与土地细碎化特征挂钩,对农户参保动机的影响会存在一定的情境依赖。土地细碎化程度越高,地块位置和条件差异相对越大,农户逆向选择的动机也就越强。土地细碎化为农户规避流动性约束提供了客观条件,农户可以根据自身资金禀赋和地块条件进行选择性投保,进而减少因风险不确定性可能造成的沉没成本。捆绑参保直接攫取了土地细碎化这一功能。同时,土地细碎化具有分散风险的天然属性,在功能上可能对农业保险形成替代。现有研究也肯定了土地细碎化在分散自然风险、降低农业灾害损失中的积极作用(纪月清、熊晶白、刘华,2016)。因此,当土地细碎化程度较低时,捆绑参保约束对农户农业保险参与的影响将非常有限。只有当土地细碎化程度较高时,捆绑参保对农户农业保险参与的抑制作用才会被激活。基于上

述分析,本文提出以下研究假说:

假说1:捆绑参保模式对农户农业保险参与的影响依赖于土地细碎化程度,即土地细碎化程度越高越会强化捆绑参保对农户农业保险参与的负向作用。

(二)捆绑参保、流动性约束与农户农业保险参与

农户的农业保险参与是为规避未来农业生产风险而做出的理性决策,只有发生灾害损失时才有可能获得赔偿,投保收益具有不确定性。消费者行为理论认为,家庭选择应对未来不确定性消费的一个重要影响因素是流动性约束。农业生产的季节性、风险性以及非农就业可获性不足,使得农户收入水平较低且具有不稳定性。获益低下的农户存在对消费的过度敏感现象,对不确定性收益的消费较小。捆绑参保要求家庭种植同种作物的地块全部参保才会承保,使得农户农业保险参与无法规避较高的保费,会增强农户的价格敏感性。因此,捆绑参保可能会导致逆淘汰,即流动性约束更强的农户参保动机会被进一步削弱,将以更高概率放弃参保。基于此,本文提出以下假说:

假说2:相比于受流动性约束弱的农户,捆绑参保对受流动性约束强的农户农业保险参与的负向作用更显著。

三、数据来源与研究设计

(一)数据来源

本文采用的数据来源于南京农业大学经济管理学院课题组2018年对黑龙江、浙江、河南及四川四省开展的粮食规模化生产情况专题调查。为了提高样本代表性和数据可靠性,课题组采用分层随机抽样方式,综合考虑区位分布、经济水平、农业生产等情况选择了四个样本省,然后每个省份随机选择四个样本县(县级市),每个样本县(县级市)随

机选择两个乡(镇),最后从每个样本乡(镇)随机抽取农户。为保证结论的稳健性,本文在实证模型部分利用地块层面数据进行稳健性检验。因此,本文使用的数据包含两个层面:第一,农户层面,主要包含农户的农业保险购买情况、个体特征及农业生产经营状况等;第二,地块层面,从农户自有土地和转入土地中各选取土地面积最大的地块进行调查,主要包括地块层面的农业保险购买情况和地块质量特征等。需要说明的是,2018 年调研是对 2015 年调研的跟踪调研,为解决内生性问题,本文采用土地细碎化程度的滞后一期进行回归,在进一步剔除关键信息缺失样本和异常样本后,最终得到938 个有效农户样本、1499 个地块样本。

(二)计量经济模型与变量设定

考虑到农户购买农业保险行为是二元选择变量,因此本文采用 Logit 模型检验捆绑参保对农户农业保险参与影响的研究假说,具体计量经济模型如下:

$$\ln\left[\frac{P(Insurance_i = 1)}{1 - P(Insurance_i = 1)}\right] = \beta_0 + \beta_1 Bind_i + \lambda X + \varepsilon_i \tag{1}$$

$$\ln\left[\frac{P(Insurance_i = 1)}{1 - P(Insurance_i = 1)}\right] = \alpha_0 + \alpha_i Bind_i + \alpha_2 Land_i + \alpha_3 Bind_i * Land_i + \gamma X + \mu_i \tag{2}$$

模型(1)中变量 i 代表农户。被解释变量 $P(Insurance_i = 1)$ 代表第 i 个农户农业保险参与行为。$Insurance_i$表示农户是否参保,1 = 是,0 = 否。关键解释变量为捆绑参保 $Bind_i$,用“保险公司是否要求家庭种植同种作物的地块全部参保才会承保”表示,1 = 是,0 = 否。X 是一组影响农户购买农业保险的控制因素,包括农户个体特征、家庭特征、村庄特征及地区虚拟变量等。β_0、β_1、λ 为模型待估系数或参数矩阵,ε_i为不可观测的随机扰动项。值得注意的是,本文将地块层面农业保险购买作为被解释变量进行稳健性检验时,控制变量还包括地块层面的控制变量,具体指标见表1。需要说明的是,在验证捆绑参保对农户农业保险参与的作用受到流动性约束的制约时,本文将通过分组回归的方法,以异质性分析的方式进行检验,具体分组方式在实证部分进行解释。

模型(2)在模型(1)的基础上加入土地细碎化程度 $Land_i$ 和与捆绑参保的交互项 $Land_i * Bind_i$,以检验捆绑参保影响农户农业保险参与对土地细碎化这一客观事实的依赖。土地细碎化程度 $Land_i$ 分别用农户经营地块数量和"块均面积是否超过村块均面积平均水平的2倍"衡量。农户经营地块数量越多,表示土地细碎化程度越高;农户经营地块数量越少,表示土地细碎化程度越低。当块均面积超过村块均面积平均水平的2倍,则代表土地细碎化程度低,赋值为0;反之,代表土地细碎化程度高,赋值为1。被解释变量、其他解释变量和控制变量与模型(1)保持一致,在此不做赘述。α_1、α_2、α_3、γ 为模型待估系数或参数矩阵,μ_i 为不可观测的随机扰动项。

模型(1)中的 β_1 与模型(2)中的 α_3 是本文关注的参数。为了获得参数的无偏估计,需解决可能存在的内生性问题。模型中的关键解释变量"土地细碎化"可能是内生变量。因为农户可能同时决策是否参保和进行土地细碎化管理,也可能存在潜在的特征共同影响这两种选择。为此,本文以土地细碎化的滞后一期作为代理变量纳入回归以缓解上述内生性问题。

模型涉及的变量定义与描述性统计见表1。

表1　变量定义与描述性统计

变量名称	变量含义及赋值	均值	标准差
农业保险参与	农户是否购买农业保险? 1 = 是;0 = 否	0.32	0.47
捆绑参保	保险公司是否要求家庭种植同种作物的地块全部参保才会承保? 1 = 是;0 = 否	0.13	0.34
土地细碎化$_1$	农户经营地块数量(块)的滞后一期,地块数越多表示土地细碎化程度越高	6.53	5.09

续表

变量名称	变量含义及赋值	均值	标准差
土地细碎化$_2$	块均面积是否超过村块均面积平均水平的 2 倍的滞后一期。1 = 否,表示土地细碎化程度高;0 = 是,表示土地细碎化程度低	0.90	0.30
年龄	决策者年龄(岁)	54	11
受教育程度	决策者受教育年限(年)	6.79	3.06
种植经验	决策者从事粮食种植年限(年)	32.60	14.02
风险偏好	决策者的风险偏好,取值范围为 0—1,该值越大表示越偏好风险	0.46	0.45
村干部经历	决策者是否当过村干部? 1 = 是;0 = 否	0.32	0.46
开公司经历	决策者是否开过公司或企业? 1 = 是;0 = 否	0.09	0.28
经营耕地面积	家庭经营耕地总面积(亩),模型中取对数处理	70.76	150.16
家庭农业劳动力数量	家庭从事农业生产的劳动力数量(人)	1.98	1.48
灌溉设施	种植粮食的地块是否可以灌溉? 1 = 是;0 = 否	0.11	0.32
近三年是否受灾	近三年粮食作物是否因灾减产? 1 = 是;0 = 否	0.23	0.42
家庭年收入	家庭年收入(万元)	7.80	27.20
村委会离乡镇政府距离	单位:千米	4.58	3.71
村灌溉面积比例	村可灌溉耕地面积占总耕地面积的比例(%)	70.58	33.29
村年人均纯收入	村年人均纯收入(元/人),模型中取对数处理	9529.59	5399.04
地块面积	该地块面积(亩)	17.93	69.71
地块离家距离	该地块离家的距离(里)	1.96	4.11
土壤类型	选项一。1 = 沙土;2 = 壤土;3 = 黏土;4 = 其他	2.23	0.79
土壤肥力	选项二。1 = 上等;2 = 中等;3 = 差等	1.63	0.65
坡度	选项三。1 = 平地;2 = 坡地;3 = 洼地;4 = 其他	1.21	0.52
作物类型	该地块种植作物类型。1 = 水稻;0 = 玉米	0.43	0.49

四、实证结果与分析

（一）捆绑参保、土地细碎化对农户农业保险参与影响的结果分析

1. 基准回归。表2报告了捆绑参保对农户农业保险参与影响及机制的边际结果。列(1)为在不考虑土地细碎化的情况下，考察捆绑参保对农户农业保险参与影响的结果。结果显示，捆绑参保在5%显著性水平上不显著。列(2)加入土地细碎化及其与捆绑参保的交互项，以验证土地细碎化作为捆绑参保影响农户农业保险参与的机制要素，其中土地细碎化由农户经营地块数量测度，由结果可知，捆绑参保变量仍不显著，交互项在5%显著性水平上显著，且系数为负。列(3)将土地细碎化测度指标替换为"块均面积是否超过村块均面积平均水平的2倍"进行回归，结果显示，交互项在5%显著性水平上显著为负。边际系数表明，与土地细碎化程度低的农户相比，土地细碎化程度高的农户农业保险参与的概率降低10%。以上结果表明，土地细碎化程度越高，捆绑参保对农户农业保险参与的负向影响越被激活，假说1得到验证。

如前文分析，"保险公司要求家庭种植同种作物的地块全部参保才会承保"这一捆绑参保模式的作用发挥必须依赖于较高的土地细碎化程度。捆绑参保与土地细碎化的交互作用，映射了目前我国土地细碎化仍未得到本质改善的背景下农业保险参与率低和新增需求乏力的事实。进一步发现，土地细碎化变量显著为负，这为土地细碎化的生产风险分散功能会对农业保险形成替代提供了证据补充。

表2 捆绑参保对农户农业保险参与影响及机制的边际结果

变量名称	(1)	(2)	(3)
捆绑参保	-0.035 (-0.383)	0.040 (0.559)	0.059 (0.822)
土地细碎化$_1$		-0.012*** (-2.800)	
捆绑参保 * 土地细碎化$_1$		-0.009*** (-5.966)	
土地细碎化$_2$			-0.146*** (-6.118)
捆绑参保 * 土地细碎化$_2$			-0.100** (-2.120)
年龄	0.004 (0.975)	0.004 (1.018)	0.004 (0.976)
受教育程度	0.003 (0.549)	0.003 (0.816)	0.003 (0.705)
种植经验	-0.003 (-1.297)	-0.003 (-1.301)	-0.003 (-1.264)
风险偏好	0.017 (0.371)	0.010 (0.201)	0.014 (0.305)
村干部经历	0.002 (0.056)	-0.001 (-0.020)	0.001 (0.048)
开公司经历	0.005 (0.196)	0.015 (0.580)	0.012 (0.453)
经营耕地面积	0.097** (2.167)	0.082* (1.893)	0.116** (2.442)
家庭农业劳动力数量	-0.004 (-0.805)	-0.005 (-0.887)	-0.004 (-1.265)
灌溉设施	0.056** (2.438)	0.045** (2.323)	0.051** (2.141)
近三年是否受灾	-0.054 (-0.463)	-0.060 (-0.486)	-0.062 (-0.544)
家庭年收入	-0.006 (-0.680)	-0.006 (-0.668)	-0.005 (-0.562)
村委会离乡镇政府距离	0.000 (0.060)	-0.001 (-0.464)	-0.000 (-0.142)
村灌溉面积比例	-0.002 (-1.060)	-0.001 (-0.976)	-0.001 (-0.989)
村年人均纯收入	0.073** (1.961)	0.080** (2.082)	0.080** (2.078)
省虚拟变量	控制	控制	控制
样本量	938	938	938

注：* p<10%；** p<5%；*** p<1%。括号内数值为稳健估计的 Z 值。下同。

2. 稳健性检验。为了进一步检验上述结果的稳健性，本文通过采用地块层面数据，将被解释变量变更为地块的农业保险参保情况，并在模型中加入地块特征变量，对表2的基准回归结果进行稳健性检验。如表3所示，更换数据后的回归结果中关键变量系数的显著性和符号，与表2的基准回归结果均保持一致。稳健性检验的结果支持捆绑参保对农户农业保险参与的作用发挥依赖于较高的土地细碎化程度这一推断。

表3 捆绑参保对农户农业保险参与影响及机制边际结果的稳健性检验

变量名称	(1)	(2)	(3)
捆绑参保	-0.012 (-0.362)	0.092 (1.579)	0.107 (1.172)
土地细碎化$_1$		-0.015*** (-5.552)	
捆绑参保 * 土地细碎化$_1$		-0.012** (-2.357)	
土地细碎化$_2$			-0.163*** (-11.426)
捆绑参保 * 土地细碎化$_2$			-0.128*** (-8.435)
控制变量	控制	控制	控制
作物变量	控制	控制	控制
省虚拟变量	控制	控制	控制
样本量	1499	1499	1499

（二）流动性约束对捆绑参保影响农户农业保险参与的调节作用结果

1. 基准回归。捆绑参保对农户农业保险参与的作用受到流动性约束的制约。本部分将通过分组回归的方法，以异质性分析方式对流动性约束对捆绑参保影响农户农业保险参与中的调节机制进行检验。参考郑旭媛等(2018)的研究，本文以农户住房价值均值为参照，将样本分为强流动性约束和弱流动性约束两组，分别估计捆绑参保对农户农业保险参与的影响。

表4报告了基于流动性约束分组的捆绑参保对农户农业保险参与影响的边际结果。列(1)为强流动性约束组，捆绑参保变量在10%显著性水平下显著，且系数为负。列(2)为弱流动性约束组，捆绑参保系数不显著。以上结果表明，在捆绑参保对农户农业保险参与的影响中，流动性约束具有负向调节作用，即对于受流动性约束强的农户，捆绑参保对其农业保险参与作用更显著。综上，假说2得到验证。

表4 按流动性约束分组的捆绑参保对农户农业保险参与影响的边际结果

变量名称	(1)	(2)
	强流动性约束组	弱流动性约束组
捆绑参保	-0.069* (-1.744)	0.058 (0.996)
土地细碎化$_1$	-0.014*** (-3.184)	0.008 (1.589)
年龄	0.005* (1.709)	0.001 (0.378)
受教育程度	-0.002 (-0.386)	0.015* (1.706)
种植经验	-0.003 (-1.550)	-0.002 (-0.846)
风险偏好	0.012 (0.318)	0.020 (0.374)
村干部经历	0.007 (0.186)	-0.004 (-0.080)
开公司经历	-0.061 (-0.892)	0.071 (0.983)
经营耕地面积	0.069*** (3.613)	0.085*** (4.666)
家庭农业劳动力数量	-0.017 (-1.359)	0.007 (0.410)
灌溉设施	0.040 (0.733)	0.076 (0.943)

续表

变量名称	(1)	(2)
	强流动性约束组	弱流动性约束组
近三年是否受灾	-0.034 (-0.623)	-0.117 (-1.448)
家庭年收入	-0.012 (-0.954)	0.003 (0.172)
村委会离乡镇政府距离	-0.006 (-1.177)	0.012 (1.515)
村灌溉面积比例	-0.002*** (-2.845)	-0.001 (-1.507)
村年人均纯收入	0.112*** (3.277)	-0.018 (-0.345)
省虚拟变量	控制	控制
样本量	597	341

2. 稳健性检验。为了进一步检验上述实证结果的稳健性，采用上文的稳健性检验方法，将被解释变量变更为地块层面的农业保险购买情况对表4的回归结果进行稳健性检验。如表5所示，更换数据后的回归结果中关键变量系数的显著性和符号，与表4的基准回归结果基本一致，表明实证结果具有稳健性。

表5 按流动性约束分组的捆绑参保对农户农业保险参与边际影响的稳健性检验

变量名称	(1)	(2)
	强流动性约束组	弱流动性约束组
捆绑参保	-0.064*** (-9.045)	0.059 (1.192)
控制变量	控制	控制
作物变量	控制	控制
省虚拟变量	控制	控制
样本量	784	715

五、结论与讨论

政策性农业保险在分散农业风险、提高农业生产复原力和促进农民可持续收入方面发挥着重要作用，已然成为为农业生产保驾护航的关键抓手。但在农业保险保费高比例补贴的政策支持下，农户农业保险参与水平仍然很低。本文以农业保险供给模式为视角，利用黑龙江、浙江、河南及四川四省938户粮食种植户数据，实证验证了捆绑参保对农户农业保险参与的影响及作用路径，得到如下研究结论：第一，捆绑参保对农户农业保险参与的负向作用受土地细碎化程度影响，土地细碎化程度越高，捆绑参保对农户农业保险参与的负向作用越强；第二，流动性约束对捆绑参保影响农户农业保险参与具有调节作用。相比于受流动性约束弱的农户，捆绑参保对受流动性约束强的农户农业保险参与的负向作用更显著。

上述结论对优化农业保险产品和提高农业保险需求具有重要的政策启示：

第一，规范创新保险产品供给体系。虽然捆绑参保模式契合了广覆盖的制度目标，但未充分考虑到我国农地禀赋特征。保险公司的捆绑模式存在隐形强制问题，违背了制度规定的自愿原则，对农户形成压力，甚至造成其对政策制度缺乏信任的后果。因此，在现有政策补贴制度基础上，应规范农业保险供给模式，创新多元化产品体系，赋予农民更多的参保选择权，缩小捆绑范围，坚守农业保险作为风险管理工具的底线思维。

第二，深入推进土地连片规模经营。明确村集体作为土地所有者在组织协调连片集中流转中的职责与行为规范，充分利用三轮承包契机深入推进土地流转连片化。村集体以此为契机，实施土地置换、连片与统筹整理，提高土地经营的连片化和规模化程度。

第三，完善农村信贷和就业市场。政府应致力于改善和解除因市场不完善和农户自身禀赋约束导致的农业保险需求乏力障碍，加快健全和完善农村信贷市场和就业市场，提高农户信贷可获得性和收入稳定增长性，改善农户初始禀赋，解决因流动性约束导致对农业保险需求不足的难题。

第四，需要说明的是，受数据限制，本文只考虑了农户农业保险参与行为的概率，而未对购买农业保险的作物面积进行分析和验证。同时，本文采用地块数量和块均面积两个指标衡量土地细碎化程度，虽然我国均田承包制度决定的小规模、分散化农业经营格局使得地块的空间性细碎一定程度上被涵盖在地块数量指标上，但仍有必要从空间距离上更为细致地测算土地细碎化程度。后续研究将在弥补以上不足的同时，更加关注农业保险产品供给特征对需求者购买行为的影响，对我国农业保险需求形成更加完整的认知，并为完善农业保险制度和拉动农业保险需求提出有效的政策建议。

参考文献

陈新建、黄嘉升，2020，《生产风险、风险规避与农户农业生产机械投资——购买机械还是购买服务？》，《农业现代化研究》第5期。

郭军、谭思、孔祥智，2019，《农户农业保险排斥的区域差异：供给不足还是需求不足——基于北方6省12县种植业保险的调研》，《农业技术经济》第2期。

郭翔宇、刘从敏、李丹，2016，《交易成本视角下农户购买政策性种植业保险意愿的实证分析——基于黑龙江省的调查》，《农业现代化研究》第3期。

侯煜庐、张峭，2019，《小规模农户购买农业保险意愿影响因素的综合分析》，《中国农业资源与区划》第4期。

纪月清、熊皛白、刘华，2016，《土地细碎化与农村劳动力转移研究》，《中国人口·资源与环境》第8期。

姜岩、褚保金，2010，《交易成本视角下的农业保险研究——以江苏省为例》，《农业经济问题》第6期。

刘学文，2014，《中国农业风险管理研究——基于完善农业风险管理体系的视角》，西南财经大学博士学位论文。

卢华、胡浩、傅顺，2016，《农地产权、非农就业风险与农业技术效率》，《财贸研究》第5期。

尚燕、熊涛、李崇光，2020，《风险感知、风险态度与农户风险管理工具采纳意愿——以农业保险和“保险+期货”为例》，《中国农村观察》第5期。

史培军、王季薇、张钢锋等，2017，《透视中国自然灾害区域分异规律与区划研究》，《地理研究》第8期。

唐利群，2018，《中国水稻种植户极端气候适应性行为及效应研究》，浙江大学博士学位论文。

庹国柱，2018，《从40年政策变化喜看我国农业保险蓬勃发展》，《保险研究》第12期。

王志刚、黄圣男、钱成济，2013，《纯收入、保费补贴与逆向选择对农户参与作物保险决策的影响研究——基于黑龙江和辽宁两省的问卷调查》，《中国软科学》第6期。

吴婷婷，2015，《南方稻农气候变化适应行为影响因素分析——基于苏皖两省364户稻农的调查数据》，《中国生态农业学报》第12期。

叶明华、朱俊生，2018，《新型农业经营主体与传统小农户农业保险偏好异质性研究——基于9个粮食主产省份的田野调查》，《经济问题》第2期。

易福金、陆宇、王克，2022，《大灾小赔，小灾大赔：保费补贴“包干制”模式下的农业生产风险与赔付水平悖论——以政策性玉米保险为例》，《中国农村经济》第3期。

乐章、冯艳，2016，《新农保制度家庭捆绑缴费模式辨析》，《中州学刊》第10期。

郑沃林、罗必良、钟文晶，2020，《农户气候风险认知、政策工具干预与农业保险市场扭曲》，《广东财经大学学报》第5期。

郑旭媛、王芳、应瑞瑶，2018，《农户禀赋约束、技术属性与农业技术选择偏向——基于不完全要素市场条件下的农户技术采用分析框架》，《中国农村经济》第3期。

中国农业保险保障水平研究课题组，2017，《中国农业保险保障水平研究报告（2016）》，北京：中国金融出版社。

Bundled Participation, Endowment Constraint and Farmers' Participation in Policy Agricultural Insurance

Zheng Shan; Xu Zhigang

Abstract: Policy agricultural insurance has the function of dispersing agricultural production risks and stabilizing farmers' income, but in reality, there is always room for improvement in the coverage of agricultural insurance and the farmers' participation rate in agricultural insurance in China. Using the microscopic survey data of Heilongjiang, Zhejiang, Henan and Sichuan provinces, this paper analyzes the decision-making motivation and process of farmers' agricultural insurance participation behavior based on Logit model from the perspective of agricultural insurance supply model. The results show that the negative effect of bundled participation is obviously affected by the degree of land fragmentation, and the higher the degree of land fragmentation is, the stronger the negative effect of bundled participation will be; The effect of bundled participation is restricted by liquidity constraints, namely, the negative effect of bundled participation with strong liquidity constraints is more significant. Therefore, it would be necessary to standardize and innovate the supply system of insurance products, deepen the scale operation of contiguous land, improve the rural credit and employment market, and remove obstacles for the insufficient demand for agricultural insurance.

Keywords: bundled participation; endowment constraint; farmers' participation in agricultural insurance; land fragmentation; liquidity constraint

文化与乡村振兴

旁观者视角下的乡村振兴示范村建设意愿评估研究

赵德余　代　岭*

摘要：在那些尚未形成连片开发以及还没有构建乡村振兴示范村与周边村庄合作机制的地区，观察和理解周边村庄村民、村干部等不同旁观者群体对于示范村建设的效果评价和自己村庄建设示范村的意愿意义重大。研究表明，示范村建设具有显著的外溢性，对周边村庄及村民都有显著的积极影响。充分发挥示范作用，能使村民认识到示范村建设的必要性，激发村民建设示范村的意愿，为推进乡村振兴提供深厚的社会参与基础。

关键词：旁观者视角　乡村振兴　示范村建设　评估研究

一、引言

2018—2022年，上海市总共开展了五批次、累计112个乡村振兴示范村建设，截至2022年底，全市已建成90个乡村振兴示范村。浦东新区万祥镇新建村等28个村（片区）也已列入2023年度乡村振兴示范村建设计划。通过调研，我们发现示范村建设取得了显著成果，在产业、人居环境等方面均取得了较大发展，提高了本村村民的获得感、幸福

* 赵德余，复旦大学社会发展与公共政策学院教授。代岭，复旦大学社会发展与公共政策学院硕士。

感、安全感,提振了村民的信心(赵德余、代岭,2022)。示范村创建的长期目标和价值在于提高上海市农业、农村的发展水平,为其他城市实施乡村振兴战略积累宝贵经验(朱哲毅,2021)。从短期来看,示范村建设不仅能提高示范村本身的发展水平,还能通过示范和辐射作用带动周边村庄的发展,具有显著的外溢性。已研究发现,国内对公共部门效率的评价标准一般是帕累托改进,提高公共资源的利用效率(师玉朋、马海涛,2015;孙凤娟,2022)。我们同样期望示范村的建设也是一种帕累托改进,通过示范村的外溢性,逐步实现示范村及周边村庄的连片发展,从而实现乡村振兴(李百超、谢秋山,2019;朱雷洲、谢来荣、黄亚平,2021)。不过,从地理空间来看,乡村振兴示范村自身也存在核心区域和边缘区域,示范区内不同自然村或小组村民的受益感知是存在差异的,而且示范村与周边非示范村之间更是存在显著区别。可见,乡村振兴示范村的示范引领影响,从核心区域向边缘区域、外围村庄逐步扩散且直观上逐渐减弱。识别乡村振兴示范村和周边村庄之间的产业、村庄风貌等资源具有优势互补性或者相似同质性,对于设计乡村振兴区域协调机制至关重要(周常春、刘剑锋、石振杰,2016)。从村庄的行动者类型分布来看,乡村社会人员结构大体上包括村委一级村干部、自然村村民小组长以及村民。上海都市型村庄内部还存在大量的外来人口,这些不同身份的行动者之间有关乡村振兴的行动策略或示范村建设的重点也会存在竞争性看法或分歧(陈培培、张敏,2015;杨华,2022)。毫无疑问,乡村振兴示范村的资格及其影响力竞争受村庄地理区位、资源要素和村庄各类行动者的竞争力量影响,甚至和政府部门之间的关系等诸多因素密不可分。

应该说,在激烈的乡村振兴示范村建设竞争中,竞争获胜的示范村和处于竞争劣势、不利地位的周边村庄之间会呈现何种微妙的关系状态,这是值得研究的。同样,对于一个村庄内部不同类型的行动者——包括外来人口——对于乡村振兴示范村持有何种认识和倾向性的理解,也是值得深入分析的。当然,在那些尚未形成连片开发以及还没有构建乡村振兴示范村与周边村庄合作机制的地区，观察和理解周边村庄村民、村干部等不同旁观者群体对于示范村建设的效果评价和自己村庄建设示范村的意愿同样意义重大。本文将从旁观者视角研究乡村示范村建设成果对周边村庄和村民的影响，选取上海市第一批和第二批示范村的64个周边村庄进行问卷调查，以评估示范村周边村庄村民、村干部对于示范村建设的效果评价以及建设意愿需求。

二、问卷分析

本问卷的调研主题为“旁观者视角下的乡村振兴示范村研究”，由于调研时第三批示范村仍在建设中，因此本次调研范围为上海市第一、二批乡村示范村的64个周边村庄，有效问卷975份。其中现任村干部203人（20.82%）、曾任村干部42人（4.31%）、村小队长130人（13.33%）、普通村民563人（57.74%）、外来人口37人（3.79%），基本符合村民身份分布结构，具有一定的完备性和代表性，能够满足研究需求。

问卷分为三个部分，包括对示范村建设评价、对本村建设示范村的主观意愿以及村民个人信息。在按照身份分组后，本文对结果进行了汇总，具体情况如下。

表1　身份差异与示范村建设意愿　　单位：%

身份	您希望自己的村子创建示范村吗？			您认为开展示范村建设有必要吗？		
	希望	无所谓	不希望	很有必要	有必要	没必要
村干部	95.5	4.1	0.4	84.1	15.9	0.0
村小队长	96.2	3.8	0.0	73.8	25.4	0.8
村民	94.1	4.6	1.2	74.4	24.2	1.4
外来人口	86.5	13.5	0.0	62.2	37.8	0.0
平均	93.1	6.5	0.4	73.6	25.8	0.6

注：村干部包括现任村干部和曾任村干部，下同。

首先,我们对受访者是否希望本村创建示范村,以及开展示范村建设是否有必要进行了调查。结果显示,有93.1%的受访者希望本村创建示范村,其中村小队长占比最高,达到96.2%,其次是村干部95.5%,普通村民占到94.1%。在必要性方面,73.6%的受访者认为示范村建设有必要,其中84.1%的村干部认为很有必要,74.4%的普通村民也认为示范村建设很有必要。因此证明,示范村建设深入人心,在群众中产生了重要影响,村民认识到了示范村建设的好处和重要性,为进一步推进示范村建设和乡村振兴打下了深厚的群众基础,有利于政策的开展和执行。

表2 旁观者视角下的示范村建设成果 单位:%

身份	您觉得隔壁的示范村建好后变化大不大?			您觉得隔壁示范村的建设风貌好不好?			您对建好的示范村发展前景看好吗?		
	变化大	变化不大	没变化	很好	一般	不好	看好	不看好	说不准
村干部	98.0	2.0	0.0	87.8	11.8	0.4	95.9	0.4	3.7
村小队长	94.6	4.6	0.8	90.0	10.0	0.0	91.5	3.8	4.6
村民	91.5	7.3	1.2	85.3	14.6	0.2	93.4	1.2	5.3
外来人口	89.2	10.8	0.0	83.8	16.2	0.0	91.9	2.7	5.4
平均	93.3	6.2	0.5	86.7	13.2	0.1	93.2	2.0	4.8

其次,我们对于旁观者视角下的示范村建设成果进行了调研,既可以进一步展示和分析示范村建设的成绩,作为示范村未来发展方向的参考,也在一定程度上反映了村民希望创建示范村的原因。总的来说,在旁观者眼中,示范村建设取得了显著成果。整体变化上,有93.3%的村民认为示范村建设后变化大,其中村干部中有此观点的占到98.0%,普通村民中也占到了91.5%。就建设风貌而言,有86.7%的受访者认为示范村的建设风貌很好,相比于其他指标来说评价较低,尤其是只有85.3%的普通村民认为示范村建设风貌好。在我们对示范村本村村民进行的调查中,也只有88.0%左右的村民认为本村的人居环境明显改善。因此,在示范村建设过程中,应当采取相关措施,改善乡村环境风貌和人居环境,提高示范村的宜居程度,

既要保护生态环境,也要保护社会环境。对于示范村的前景,有93.2%的受访者很看好示范村的未来发展,对示范村建设充满信心。但是,仍有4.8%的受访者对示范村的前景不清晰,有2.0%的受访者不看好示范村的未来。这说明,示范村建设中仍存在一定的不足,以及在长期建设中缺乏明确目标,导致部分村民对示范村的前景缺乏信心。所以,示范村建设不仅要重视短期成果,更要有长远目标和规划。

表3 旁观者视角下的示范村受益者 单位:%

身份	隔壁示范村建好了对你们村有没有好处?			如果您认为有好处,理由是什么?				您觉得隔壁的示范村建设中谁最受益?			
	有好处	没好处	说不准	就业机会变多了	收入增加了	可以享受示范村建好的公共设施带来的便利	环境得到了改善	户籍在本地的村民	本地打工的外来人口	本地经营的企业	常住人口和企业
村干部	91.4	4.5	4.1	19.2	12.9	58.0	57.6	63.3	0.8	1.6	34.3
村小队长	92.3	4.6	3.1	30.8	13.3	34.2	36.7	69.2	0.8	3.1	26.9
村民	87.9	4.8	7.3	24.6	18.2	45.9	54.5	62.7	3.4	2.5	31.4
外来人口	86.5	0.0	13.5	46.9	50.0	34.4	34.4	48.6	5.4	2.7	43.2
平均	89.5	3.5	7.0	30.4	23.6	43.1	45.8	61.0	2.6	2.5	34.0

再次,我们针对示范村建设的利益关系进行了调研,分为两部分:第一是示范村建设对本村的好处,可以反映示范村建设成果的外溢性;第二是示范村与本村的利益关系,可以反映示范村建设中的利益分配和公平问题。有89.5%的受访者认为示范村建设对本村有好处,说明示范村建设成果具有外溢性,不仅对示范村本身发展具有积极意义,还能够产生辐射作用,带动邻村的发展,体现了示范村建设的重要性和意义。但需要注意的是,普通村民和外来人口感受到好处的比例显著小于村干部和村小组长。

接下来,我们对认为示范村建设对本村有好处的受访者进行了进一步调查,分析示范村外溢性的来源:对于本村村民(村干部、村小队长、普通村民),好处主要来源于示范村公共设施带来的便利和环境改善;对于外来人口,好处主要在于工作机会和收入的增加。这种区别的存在,可能因为本村村民倾向于长期居住,对于生活环境和生活质量要求更高;而外来人口多数是打工者,因此对工作条件要求更高。

村民、企业和外来人口都是示范村建设的受益者,但是61%的受访者认为户籍在示范村本村的村民才能受益,34%的受访者认为常住人口和当地企业均能受益。尤其是本村村干部、村小组长和村民均有60%以上的比例认为户籍在示范村本村的村民才能受益,仅有5.4%的外来人口认为外来人口会受益,体现出示范村建设成果分配过程中存在身份差异和不平等。因此在示范村建设中,既要注重效率,也要注重公平,对于本村村民和外来人口要合理分配发展成果;村内企业也应该承担社会责任,通过第三次分配促进收入分配公平,保障脱贫攻坚成果,促进乡村振兴(汪三贵、冯紫曦,2019)。

表4 身份差异与本村建设重点 单位:%

身份	乡村环境治理	产业发展	社区文化及文明风气	养老和健康等公共服务	村民收入	不清楚
村干部	65.7	35.5	28.2	31.4	21.6	0.0
村小队长	59.2	16.9	12.3	23.1	24.6	0.8
村民	57.7	23.6	20.4	29.3	27.0	1.2
外来人口	51.4	21.6	21.6	27.0	18.9	2.7
平均	58.5	24.4	20.6	27.7	23.0	1.2

最后,我们对"如果在自己村推行示范村建设,您觉得应该重点在哪些方面"进行了调查,反映了现阶段示范村以外的乡村建设中存在的客观问题和不足以及村民的关切所在。其中,"乡村环境治理"在所有身份的村民中选择比例都是最高的,平均达到58.5%,说明在过去的发展过程中,存在忽视环境治理或治理效果欠缺的问题,也体现了村民对美好生活环境的向往。

接下来的建设重点是"养老和健康等公共服务"。农村地区公共服务不足的问题存在已久，受城市引力和经济水平影响，好的公共服务供给者集中在城区，且价格较高；农村地区缺乏吸引力和经济能力，公共服务投入成本高、受益少，农村公共服务供给目前还需要依靠政府进行投资建设。尤其是医疗和养老问题，农村地区留守老人和儿童、失独老人等弱势群体较多，解决这部分人的健康问题既是政府的职责所在，也是解决城市发展的后顾之忧、乡村振兴的重点（梁海伦、陶磊，2022）。

在“产业发展”和“村民收入”方面分别有 24.4% 和 23.0% 的村民选择，体现了村民对经济发展、收入增长的关心和重视。但在此次调研中比例较低，说明在村民眼中农村经济并不是乡村建设的核心，因为整个上海都市圈就业机会多，交通便利，外出务工成本低、收益高，具有更大的优势。“社区文化及文明风气”方面也有 20.6% 的村民选择作为建设重点。

三、实证分析

为了进一步分析旁观者对建设乡村振兴示范村意愿和必要性的影响因素，以及村民身份差异对相关因素的影响，本文选择了“本村创建示范村意愿”和“示范村建设必要性”作为因变量，希望通过实证研究进行影响因素的相关性分析。因此，对于相关问卷结果进行赋值和打分后，变量定义与描述性统计如表 5 所示。

表 5　描述性统计

变量名	变量定义	观测值	均值	最小值	最大值
村民身份	村干部（现任与曾任）=1；村小队长 =2；村民 =3；外来人口 =4	975	2.40	1	4
示范村变化	没变化 =1；变化不大 =2；变化大 =3	975	2.92	1	3
本村创建示范村意愿	不希望 =1；无所谓 =2；希望 =3	975	2.93	1	3
示范村建设必要性	没必要 =1；有必要 =2；很有必要 =3	975	2.75	1	3
示范村发展前景	说不准 =1；不看好 =2；看好 =3	975	2.88	1	3

续表

变量名	变量定义	观测值	均值	最小值	最大值
示范村对本村的好处	说不准 =1;没好处 =2;有好处 =3	975	2.83	1	4
示范村建设风貌	建设成效不好 =1;建设成效一般 =2;建设成效很好 =3	975	2.86	1	3
年龄	35 岁以下 =1;35—45 岁 =2;45—60 岁 =3;60 岁以上 =4	975	2.57	1	4
性别	男 =1;女 =2	975	1.41	1	2
受教育程度	小学及以下 =1;初中 =2;高中/中专/技校/中职 =3;大专/高职 =4;大学本科 =5;研究生或以上 =6	975	2.97	1	6
政治面貌	普通群众 =1;民主党派 =2;共青团员 =3;中共党员 =4	975	2.16	1	4
收入来源	农业经营 =1;打长工 =2;打短工 =3;个体经营 =4;其他 =5	975	2.96	1	5
与村干部关系	糟糕 =1;一般 =2;融洽 =3	975	2.84	1	3

本文先以“本村创建示范村意愿”作为因变量进行分析,对应问卷题目为“您希望自己的村子创建示范村吗?”,结果如表 6 所示。其中,第(1)列为基准回归结果。在实证研究中,本文加入了身份固定效应和村级固定效应,以控制由村民所属村庄和村民身份带来的但无法观测到的因素对回归结果造成的影响。在第(2)至第(5)列按村民身份进行的分组回归中,本文依旧使用了村级固定效应进行分析,减少内生性。

第(1)列全样本结果显示,村民对示范村前景的看法和对示范村建设风貌的评价,与本村创建示范村意愿有显著的正相关性。可以反映出两点:第一,村民关注示范村的直观变化。从上文第二部分问卷分析内容可知,村民大多认为示范村建设对自己或其他村庄的好处在于可以享受更好的基础设施和公共服务。这些大多都得益于示范村对环境风貌、基础设施的建设和改善,证明基础设施建设存在显著的正面外溢性。第二,村民关注示范村的长远发展。村民越看好示范村的前景,建设示范村的愿望就越强烈。因此,应当将示范村建设作为长期政策坚持,避免政策反复无常,落实相关制度。同时,示范村创建完成后,也应当不断跟进建设情况,及时发现和解决问题,保障政策的延续性。

第(4)列也反映出了示范村对本村的好处与普通村民创建示范村的意愿具有显著的正相关性,证明了上文所述观点。

表6 因变量:本村创建示范村意愿

变量	全样本 (1)	村干部 (2)	村小队长 (3)	村民 (4)	外来人口 (5)
示范村变化	0.007 (0.030)	-0.234 (0.142)	-0.012 (0.073)	0.046 (0.038)	-0.004 (0.173)
示范村前景	0.183*** (0.021)	0.060 (0.053)	0.132*** (0.044)	0.186*** (0.029)	0.402*** (0.089)
示范村对本村的好处	0.056 (0.018)	-0.070 (0.047)	0.010 (0.066)	0.084*** (0.023)	0.003 (0.066)
示范村建设风貌	0.092** (0.027)	0.082 (0.056)	0.082 (0.071)	0.062 (0.039)	0.821*** (0.145)
个体控制变量	是	是	是	是	是
身份固定效应	是				
村级固定效应	是	是	是	是	是
R^2	0.328	0.246	0.502	0.462	0.979
观测值	975	245	130	563	37

注:* p<10%;** p<5%;*** p<1%。括号内数值为稳健标准误。下同。

表7是以"示范村建设必要性"为因变量的回归结果,对应问卷问题为"您认为开展示范村建设有必要吗?",反映了示范村创建在村民视角下的重要性和意义,以及示范村创建的群众基础。同样,为减少内生性,本部分也使用了固定效应。

表7 因变量:示范村建设必要性

变量	全样本 (1)	村干部 (2)	村小队长 (3)	村民 (4)	外来人口 (5)
示范村变化	0.135*** (0.048)	-0.141 (0.171)	0.263 (0.161)	0.155** (0.061)	-0.138 (0.446)
示范村前景	0.234*** (0.327)	0.203*** (0.063)	-0.064 (0.098)	0.246*** (0.047)	-0.024 (0.228)

续表

变量	全样本 (1)	村干部 (2)	村小队长 (3)	村民 (4)	外来人口 (5)
示范村对本村的好处	0.110*** (0.029)	0.118** (0.056)	0.281* (0.145)	0.088** (0.037)	-0.118 (0.171)
示范村建设风貌	0.136*** (0.042)	-0.029 (0.068)	-0.050 (0.157)	0.221*** (0.063)	1.151** (0.373)
个体控制变量	是	是	是	是	是
身份固定效应	是				
村级固定效应	是	是	是	是	是
R^2	0.367	0.551	0.577	0.424	0.932
观测值	975	245	130	563	37

第(1)列反映了全样本分析的结果。结果显示,示范村变化、前景、对本村的好处以及建筑风貌均与示范村建设必要性在1%的显著性水平上呈现正相关关系,明显强于上文的对示范村建设意愿的影响。这说明村民对示范村建设牵连范围广,证明了示范村建设的必要性和重要性。如上文所述,必要性反映了示范村建设的重要性和群众基础,因此要想提高村民对示范村建设的重视程度,必须进行全面发展,短期建设与长期规划相结合,经济建设、社会建设与环境建设相结合。第(4)列对普通村民的分析也证明了该结果。

第(2)列对村干部的分析结果显示,示范村的前景和对本村的好处与村干部认为创建示范村的必要性显著正相关。这说明村干部既关注示范村的长期建设,也关注对本村的正面影响。原因在于,村干部作为管理者和既得利益者,可以在一定程度上将示范村对本村长期正面的影响转化为自己的政绩,从而实现自身利益最大化,例如升职等。

四、 结论与政策建议

上文结果均证明了示范村建设具有显著的外溢性,对周边村庄及村民都有显著的积极影响,示范作用得以充分发挥,能使村民认识到示范村建设

的必要性并激发村民创建示范村的意愿,为推进乡村振兴打下了深厚的群众基础。因此,提出以下建议:

第一,重视示范村环境风貌建设,完善基础设施,提供优质公共服务。基础设施具有显著的外溢性和帕累托改进特征,不仅能提高示范村自身的发展水平,提供物质基础,也能帮助周边村庄改善发展环境。

第二,在示范村建设中,应当兼顾效率和公平。保障村民和外来人口的正当权利,做到发展成果由所有村民共享,提高村民的获得感、归属感、幸福感。同时要促进收入分配公平,通过三次分配提高企业的社会责任感,做到利益共享,推动实现共同富裕。

第三,示范村建设应当做到短期建设与长期规划相结合,避免政策短视,提高政策的延续性。示范村建设应当作为一种长期政策执行下去,为乡村振兴积累经验,同时提高村民信心,防止政策反复给村民带来不便,促进乡村振兴示范村的可持续发展。

参考文献

陈培培、张敏,2015,《从美丽乡村到都市居民消费空间——行动者网络理论与大世凹村的社会空间重构》,《地理研究》第8期。

李百超、谢秋山,2019,《乡村振兴行动中的生存理念冲突——表现、负面影响及应对策略》,《内蒙古社会科学(汉文版)》第4期。

梁海伦、陶磊,2022,《健康乡村建设——逻辑、任务与路径》,《卫生经济研究》第3期。

师玉朋、马海涛,2015,《县域公共服务供需结构匹配度评价——基于云南省的个案分析》,《财经研究》第11期。

孙凤娟,2022,《基础设施建设嵌入我国乡村振兴的历史变迁、存在问题及改革方向》,《农业经济》第11期。

汪三贵、冯紫曦,2019,《脱贫攻坚与乡村振兴有机衔接——逻辑关系、内涵与重点内容》,《南京农业大学学报》(社会科学版)第5期。

杨华,2022,《乡争:竞争将如何塑造60万中国乡村和5亿农民的未来》,北京:北京大学出版社。

赵德余、代岭，2022，《村庄主体差异对乡村振兴效用感知的影响》，《华南农业大学学报》(社会科学版)第5期。

周常春、刘剑锋、石振杰，2016，《贫困县农村治理"内卷化"与参与式扶贫关系研究——来自云南扶贫调查的实证》，《公共管理学报》第1期。

朱雷洲、谢来荣、黄亚平，2021，《"百花齐放"还是"同质竞争"？——不同政策导向下的乡村产业载体概念辨析及比较研究》，《现代城市研究》第8期。

朱哲毅，2021，《上海推进乡村振兴示范村建设的若干思考》，《科学发展》第6期。

A Study on the Evaluation of the Construction Willingness of Rural Revitalization Demonstration Villages

Zhao Deyu; Dai Ling

Abstract: In areas where continuous development has not yet been formed and a cooperation mechanism between rural revitalization demonstration villages and surrounding villages has not been established, it is very meaningful to observe and understand the evaluation of the effectiveness of demonstration village construction by different bystander groups such as surrounding villagers and village cadres, as well as the willingness of one's own village to build a demonstration village. This study shows that the construction of demonstration villages has significant spillover effects, which have a significant positive impact on surrounding villages and villagers. The demonstration role can be fully utilized, which can make villagers realize the necessity of demonstration village construction and stimulate their willingness to create demonstration villages, providing a solid social participation foundation for promoting rural revitalization.

Keywords: bystander perspective; rural revitalization; construction of demonstration villages; evaluation research

文化赋能:共同富裕的内生动力*

张欣怡**

摘要:扎实推动共同富裕是人民群众的共同期盼。共同富裕不仅包括物质富裕,更是面向人的全面发展,贯穿政治、经济、文化全领域的概念。在推进共同富裕的道路上,不仅需要顶层设计和政策实践相结合,也应充分重视作为创造和实践共同富裕主体的人的主体性。在推进共同富裕的过程中,如何更充分地发挥人的主体性,具有重要的时代意义。本文提出,推动人在共同富裕中的主体性,需要坚持文化赋能、"以文化人",深刻理解文化在共同富裕中的重要角色和使命,在加强社会参与中发挥文化的能动性、塑造力,在文化的凝聚、整合中全面促进全体人民共同富裕。

关键词:人民　共同富裕　主体性　文化　以文化人

共同富裕是社会主义的本质要求,是中国式现代化的重要特征。在中国向第二个百年奋斗目标迈进的过程中,为实现社会和谐安定、防止两极分化,必须促进共同富裕。共同富裕的实现,不仅仅得益于自上而下的推动,还需要激发内生动力,确保经济社会发展的活力。激发实现共同富裕的内生动力,离不开文化的作用。发挥文化的主体性作用,能够真正促进"以人民为中心"共同富裕道路的实现。共同富裕不仅是

---

* 本文系民政部部级课题"城镇低收入人口返贫预警研究"(项目批准号:2023MZJ015)的阶段性研究成果。

** 张欣怡,北京语言大学商学院副教授。

面向人民群众的制度和政策,更能激发人民更深入地参与社会发展的进程,进一步成为推动共同富裕的主体。

一、扎实推动共同富裕的重要意义

习近平总书记曾多次指出共同富裕的重要意义,并把促进全体人民共同富裕摆在全面建设社会主义现代化国家的突出位置。在十八届中央政治局第一次集体学习时,习近平总书记(2012)就指出:“共同富裕是中国特色社会主义的根本原则,所以必须使发展成果更多更公平惠及全体人民,朝着共同富裕方向稳步前进。”

共同富裕既和源远流长的传统文化有内在关联,又是马克思主义科学理论的题中应有之义。早在中国古代即有“大同社会”“均贫富”的思想滥觞,显示出人民对于社会财富平等、物质富裕的朴素思考。在中国特色社会主义发展历程中,共同富裕始终被作为重要的发展目标。党的十八大以来,共同富裕的道路得到新的探索,共同富裕的理论有了新的阐释,对共同富裕的规律性认识也有所增长。

实现共同富裕是一个层次丰富、内涵复杂的问题。共同富裕不仅是收入分配的平等问题,更涉及社会生活的方方面面。地区、城乡之间发展的平衡,面向欠发达地区的资源倾斜,医疗、教育、养老的保障性措施均等化,社会流动的机会平等,社会总体的公平正义,精神文明建设和文化资源供给的平等,都属于共同富裕所应涵盖的范畴。共同富裕的最终目标是实现人的全面发展,因此其指涉的不仅是财富分配方面,更是社会经济境况及其获取机会的总体公平正义。新时代的共同富裕已经超越了单纯的物质丰富范畴,成为全面发展、涵盖全领域的福祉。共同富裕的概念,反映了人民对美好生活、社会公平正义的向往,是社会发展的重要指向。

对共同富裕规律的认识,经历从物质富裕到全面富裕的发展过程,每个阶段的认识与该阶段的社会情况相适应:中国共产党诞生以来,共同富裕的思想便有所萌芽;在新中国成立后,社会主义制度为共同富裕的探索奠定了坚实的制度基础;随着改革开放的进行,“先富带动后富”为经济领域的共同富裕提供了科学论述,以人为本的发展观念也逐渐形成;步入全面建成小康社会时期以来,中国特色共同富裕之路被推向更高的发展阶段,共同富裕被提到贯穿政治、经济、文化全领域的高度;在经济发展日益取得新成就的时期,文化的繁荣、文化的作用,越来越成为实现共同富裕更加关注的领域。

二、推动共同富裕的国内外经验

共同富裕既是重大的历史挑战,又是宏大的现实命题。因此,寻找推动共同富裕的实践抓手、具体路径是必需的一环,国内外经济、社会发展的经验为此提供了必要参考。

中国取得了举世瞩目的经济增长和社会繁荣的伟大成就。从经济上来看,中国的国内生产总值跃升世界第二,人均国内生产总值从1978年的156.4美元增加到2020年的1.13万美元,增长71倍之多。中国从低收入国家发展成为国际收入中等偏上的国家,数亿人摆脱贫困。在社会保障方面,中国形成了包括医疗、养老、失业、工伤和生育保险在内的社会保障体系,农村医疗、养老保障体系建设不断推进,总体上保障覆盖范围不断扩大、待遇水平稳步提高。中国经济、社会发展的伟大历史成就是来之不易的,在此基础上学界对如何进一步推动共同富裕进行了比较广泛的研究。

从国外经验来看,国际对推动共同富裕有借鉴价值的理论或政策,主要集中于福利国家建设的相关政策。一方面,福利国家的价值取向和共同富裕有一定相通之处,都是谋求美好生活、促进人的全面发展。欧美福利国家政策和理论发展的核心,是满足人的需要和提高生活质量(刘继同,2018)。另一方面,中国贫困治理和西方福利国家政策逻辑的差异性,在于中国减贫工作是帮助贫困人口形成自主致富能力,从而带动共同致富,这不同于福利国家作为托底性的社会救济功能(谢岳,2020)。探究两种政策在观念差异上的根源:福利国家以资本为中心的财富生产和分配机制,最终仍要服务于资本的增殖,实质上并不关心人本身;与之相对,马克思主义经典财富观将人作为财富的目的,其价值在于实现人的自由全面发展。在此基础上,物质财富以外的精神财富、社会治理和公共服务发展也应得到重视(陈新,2021)。

应当注意的是,西方福利国家诞生于特定的历史和社会环境,必须从欧美国家当时特定的社会现实考察和分析有关理论。因此,西方福利体制框架下的所谓"社会进步""社会保障",和新时代下人民对共同富裕和美好生活的向往不能混为一谈(沈斐,2018)。福利国家理论产生与发展的背景,是第二次世界大战后的政治体制、人口结构和产业结构等,这些共同构成了施行福利国家的政策基础和需要,是特殊历史条件下的产物(蒙克,2018)。时至今日,福利国家已面临越来越多的挑战和危机,传统的福利制度局限性凸显。在这个意义上,福利国家既对中国共同富裕的发展有所启示,又说明中国既有必要又有可能依据自身情境和资源,走出有中国特色的共同富裕之路。

从国内经验来看,国内关于促进共同富裕的措施与社会发展的理念相呼应,呈现出从着重经济分配到重视全面发展的变化。其中,中国贫富差距的情况、影响和对策较早受到重视。阿玛蒂亚·森(Amartya Sen)关于贫困的理论指出,绝对贫困之后的相对贫困将具有绝对贫困的内核和相对贫困的表征。在中国的实践中,消减贫困需要经济增长、人力资本投资和社会保障的结合,特别是进行制度化、法治化的贫困治理(檀学文,2020)。这是从宏观政策层面做出的经验分析,将政府作为消减贫困的主体,将消减贫困作为政策问题和治理问题进行理解。可以说,不论是国家层面的政策导向,还是扶贫工作的具体进程,政府都在其中发挥了重要的指挥棒作用。

以农村减贫为例。消减贫困的思想根基是共同富裕理论,通过消减贫困推动共同富裕是中国长期以来坚持的路径,解放农村社会生产力、解决农村贫困则是其中一大重点。学者指出,在农业技术发展和农村人均收入提高以外,农村公共服务、民生事业也应有较快改善。因此,在共同富裕的建设上,不仅要用经济学收入增速的概念衡量农业农村现代化,更应引入社会学视角将基础设施、公共服务、生活条件和民生事业等多个方面纳入考虑范围。只有收入、福祉和精神面貌同时改善,农村的真正发展才成为可能,从而促进共同富裕的健康发展(王春光,2021)。

收入再分配问题也被作为推动共同富裕的重要研究方向。居民收入再分配和人的获得感之间的联系更为直接、紧密,因而日益受到学界重视。例如,有学者从居民收入再分配的角度提出,收入分配从失衡转向共享包容、扩大中等收入群体、实现基本公共服务均等化,是应对当今全球大变局的重要举措(王一鸣,2020)。只有协调收入分配才能有效促进经济增长,将脱贫攻坚、社会保障和经济发展综合考量,推动共同富裕整体性的发展(冉昊,2021)。

财富分配的方式同时会带来经济领域以外的后果。关于贫富差距的社会心态调节,政府应该加强对再分配环节的干预,维护社会稳定(严飞,2021)。随着社会经济的发展,除收入分配以外,发展模式的转型也对推进共同富裕具有重要的实践意义。为控制两极分化,需要国民共进,做强做优做大公有制经济,并确立以民生建设为导向的发展模式,使政府的投入和政策向普惠型转变。

总的来说,推动共同富裕的国内外经验,本质上都是围绕全面发展、共享发展、持续发展而做的政策努力,其核心在于激发迈向共同富裕的内生动力。找到内生动力,就是推动共同富裕的核心命题。

三、 迈向共同富裕的内生动力

回应全面共同富裕的新发展要求,寻找迈向共同富裕的内生动力,是政策关注的一大焦点。诺贝尔经济学奖获得者阿比吉特·班纳吉

(Abhijit Banerjee)和埃斯特·迪弗洛(Esther Duflo)(2018)提出,难以贫困摆脱的一个重要原因,是贫困人口在社会资源方面缺乏平等的机会,进一步导致自我发展能力不足。如若对人的主体性缺乏足够关注,反而会影响脱贫效果。《人民日报》在关于共同富裕系列评论的末尾也强调,要不断激发全社会勤劳致富、奋斗致富的内生动力,用共同奋斗实现共同富裕(本报评论部,2021)。

伴随着共同富裕的含义逐渐从物质富裕扩展到全面富裕,推动共同富裕的要求也有所提高。实现共同富裕,不仅是在财富分配上做文章,更需要在社会全领域开展改革,推动各项社会资源的平等供给,特别是要建立公平的社会流动机制、刺激发展的动力机制和保障公平的福利机制得到稳妥协调。

在超越福利国家经验的基础上,在扎实推动共同富裕的时代命题下,实现以人为中心的全面发展因此成为必然。人民群众既是社会经济发展成果的享有者,又是社会经济发展成果的创造者。在推动共同富裕的道路上重视作为社会经济发展主体的人,就是关注实现共同富裕的内生动力。也就是说,迈向共同富裕的内生动力同人的主体性密不可分。将人摆在更重要的主体位置,才能更好地协调政策的统一性和各地各家各户情况的特殊性,使人发挥主观能动性,真正提升推动共同富裕的内生动力。

我们可以看到,在政府主导的扶贫工作中,一个重要的导向是产业发展。在产业发展导向下,政策的参与要求、产业的投资门槛、收益波动的风险,使得部分能力匮乏的贫弱农户被动透支可行动能力,脱贫增收难以为继,主动性受到影响(梁栩丞、刘娟、胡秋韵,2020)。因此,不仅要有政策保障的条件,更需要考虑增强人的自我发展能力和意识,进一步从人的主体性层面理解减贫问题。

实现共同富裕,需要人民在教育、就业、医疗、社保、养老等方面享有均等机会或公共福利,逐渐缩小人际收入差距,缓和城乡发展不平等,消除绝对贫困。这就要求扩大共享社会资源的范围,真正落实共享发展理念,创造更加公平正义的社会环境。共享发展理念背后的哲学基础是“共享的正义”,这一基础将共享理念超脱中国传统观念中的特殊性和道德性,提升到了社会制度建设层面(张国清,2018)。共同富裕的实现过程,既是共享发展理念和中华优秀传统文化的彰显过程,又是社会制度的客观作用过程,二者的结合点在于具有深刻文化内涵的实践。也就是说,在社会发展新阶段实现全面共同富裕,不仅在结果上要求既注重物质富裕又注重精神富裕,还需要在制度建设过程中体现文化价值。

因此,实现共同富裕需要坚实的文化实践。联动主观与客观、宏观与微观,既在实践中形塑,又具体指导实践,是共同富裕内生动力的落脚点,也正是文化的作用所在。正是在文化的作用下,以人为中心的主体性也得到彰显。

具体而言,文化的推动作用,可以在社会发展、社会治理的各个层面体现出来。

第一,从微观角度来看,农村是文化促进社会繁荣的代表领域。在乡村社会治理实践中,文化作为重要的媒介,对乡村公共秩序的建立发挥了关键作用。除了作为乡村精英的村两委承担起建设公共秩序的责任外,各级政府还积极引入市场机制供给文化产品,从而改善乡村道德教化,以更具整体性的思路指导文化治理工作(任贵州、曹海林,2021)。譬如,通过举办道德大讲堂,村民在官方主持下讲述身边的好人好事,或官方出面组织道德评价投票、公开订立赡养协议等,重建仁孝的传统道德,从而唤醒村民共识,维护社会稳定(王慧斌、董江爱,2020)。

第二,从中观层面出发,社区也是文化发挥关键性作用的重要空间。在基层社区,各级政府积极举办社区节目表演、志愿者队伍服务和集体聚餐等文化活动,可以有效弭平社区矛盾,推进自治、法治、德治“三治”融合。此外,社区文化产业建设也是营造良好邻里关系的方式,特别是社区文化基金、社区电子系统和文化服务的精细化管理,极大丰富了居民的精神生活（施雪华、禄琼，2017）。可以说，文化因素在社区治理中起到凝聚社会共识、唤醒集体自觉和激发物质活力的作用，体现了共同富裕关于人实现全面发展、追求美好生活的关键内涵。

第三，从宏观角度理解，社会文化在国家发展中起到关键性、独立性作用。传统的发展型国家理论将东亚经济体在增长方面的成就解释为国家自主性和国家能力带来的结果。然而，人作为个体的生活是嵌入在一定的社会环境之中的，在社会环境中的生活和实践会使人形成一套价值观念、生活习惯等，并最终成为人的社会化力量，从而能动地改造社会。中国的社会发展离不开嵌入在社会关系里的物质和信息流动，而正是文化将人组织起来，形成人寻求机会、谋求发展的路径（王春光，2019）。就此而言，社会文化在经济、社会发展中的独立性作用，就是激发共同富裕的内生动力。在文化的凝聚、支持和鼓舞之下，人得以激发出创造物质财富和精神财富的源泉。

四、 文化对共同富裕的意义

在理解文化对共同富裕推动作用的基础之上，有必要进一步梳理：文化之所以能起到此种推动作用，其背后的实践逻辑具体是什么；为什么正是文化能够作为彰显人的主体性的载体，从而成为推动共同富裕的内生动力。

首先，文化自信对道路自信、理论自信和制度自信建设有重大意义。中国社会发展的历程为文化注入了时间沉淀，构成推动共同富裕力量的历史基础。

我国关于文化的含义，早在《易经》中就有涉及。“文”的本义指各色交织的纹理，后引申为文物典籍、礼乐制度、文章、善与美等含义。“化”的含义是变、改、生化、造化，指二物对接的方式使双方改变形态。“文化”蕴含着“天、地、人运行背后的秩序和规律”之意，在中国社会的发展中，更加入了“文治教化”之意，以人伦、秩序教化世人（张小军，

2021)。文化即“人化”,是人的思维、生活和表现方式,是认同的标记。文化是人类根据社会、周围事物的联系所创造的编码体系。从这个意义上说,文化构成了人类的社会结构,人们的生活方式和行为惯习都是按照一定的文化逻辑建构的。

其次,实现共同富裕具有深刻的文化内涵,共同富裕离不开文化作为其主体基础。共同富裕是人的共同富裕,而对人的关注,就要坚持“以文化人”,发挥文化的精神塑造作用。

在价值论上,“以人为本”的共同富裕,不论主体和客体,抑或施者与受者,都是人。要理解以人民为中心的发展思想,不能将人作为抽象的、孤立的个体去理解,而要将其置于社会情境中去考察。换言之,系统地理解人在共同富裕中的主体性,就是理解社会物质和精神文化产品生产、分配过程中人的共同生活和社会联系。人的行为是社会性的,如果不考虑文化因素,就很难理解和解释如何推进共同富裕。正是以人民为中心的发展思想,要求人民群众在共同富裕过程中必须具备文化自觉与行动自觉,由此奠定了文化进入共同富裕的主体基础。

最后,中华优秀传统文化与中国特色社会主义实践既高度契合又一体相依,中华文化独一无二的理念、智慧、气度、神韵等优秀因子,可以有效提升共同富裕的水平,成为共同富裕的民族性支撑。每个国家和民族的历史传统、文化积淀、基本国情都不同,其发展道路必然有着自己的特色。正如习近平总书记(2014)所指出的:“一个国家的治理体系和治理能力是与这个国家的历史传承和文化传统密切相关的。解决中国的问题只能在中国大地上探寻适合自己的道路和办法。数千年来,中华民族走着一条不同于其他国家和民族的文明发展道路。我们开辟了中国特色社会主义道路不是偶然的,是我国历史传承和文化传统决定的。”

因此,在推进共同富裕的过程中,要注重汲取优秀传统文化中的思想精华,尤其是能够指导中国社会主义现代化建设、能够解决当前发展中出现的问题、能够增强人民群众生活幸福感和满意度的思想,如以人为本、民贵君轻、隆礼重法、和而不同、与时俱进、经世致用、重德重教重孝、居安思危等。我国传统文化认识论上整体辩证的思维方式,方法论上中庸调和的处事原则,循环历史观中包含的革故鼎新、自强不息思想,生态观上天人合一的和平文化观念等,至今仍有重要影响和积极意义。传统文化蕴藏的中国智慧,既可以为解决当代人类面临的各领域难题提供重要启迪,又可以为今天的共同富裕建设提供有益启示。

总体而言,贯彻以人为中心的共享发展理念,就要把人放到实现共同富裕的主体位置上来;而推动人在共同富裕中的主体性,就需要"以文化人",深刻理解文化在共同富裕中的重要角色和使命。正如习近平总书记(2007)在《文化是灵魂》一文中所指出的:"一定社会的文化环境,对生活其中的人们产生着同化作用,进而化作维系社会、民族的生生不息的巨大力量。要化解人与自然、人与人、人与社会的各种矛盾,必须依靠文化的熏陶、教化、激励作用,发挥先进文化的凝聚、润滑、整合作用。"以文化人,连接传统营养与未来视野,唤起民族情感与社会认同,这正是文化得以生生不息地、从内而外地发挥实践作用的原因。人正是在这一过程中再次发现自身的主体性,并以奋进的姿态参与社会发展的实践,又在这一过程中丰富自身的精神世界。

五、 结语

扎实推动共同富裕,需要在挖掘文化资源中彰显文化主体性。中华文化积淀着中华民族最深沉的精神追求,是取之不尽、用之不竭的精神财富源泉。从中挖掘凝聚人心、激发社会活力的思想因素,能够有效地促进人民作为创造物质、精神财富的主体,为实现共同富裕提供推动力。

扎实推动共同富裕,需要在加强社会参与中发扬文化的能动性。实现高质量的民生福祉和幸福,提升人民群众的心理感受和文化认同,不能仅从自上而下的视角推行政策,还需要自下而上的社会动力。应从公共领域的视角出发,以供给公共产品为基点,形成满足人民群众物质文化需求的公共服务机制，增强社会多元主体的参与度，为以社区、乡村为单位的公共文化生长提供空间。

扎实推动共同富裕，发挥文化的赋能作用，必须认识到顶层设计的保障性作用。发挥文化的能动性作用，既不是也不可能是文化完全独立地包办社会发展的动力。共同富裕作为理论和政策实践的历史充分说明，它产生于、发展于党的领导，不可能离开顶层设计。同时，也正是宏观的政策为文化发挥其主体作用提供外部环境，顶层设计是文化主体发挥作用的前提。因此，必须始终坚持以经济建设为中心、以科学发展为主题、以造福人民为根本目的，不断解放和发展社会生产力，全面推进经济、政治、文化、社会、生态文明等多方面建设。

在扎实推进共同富裕的道路上，要真正落实以人民为中心的发展思想，离不开文化的赋能助推。随着共同富裕的建设标准越来越向着经济、政治、文化全面发展繁荣的方向靠拢，在新时代的社会经济发展中，文化将作为一个独立的、关键的因素起到不可替代的重要作用。

参考文献

班纳吉，阿比吉特、埃斯特·迪弗洛，2018，《贫穷的本质：我们为什么摆脱不了贫穷》，景芳译，北京：中信出版社。

本报评论部，2021，《共同富裕要靠共同奋斗》，《人民日报》10 月 29 日，第 4 版。

陈新，2021，《马克思主义财富观下的共同富裕：现实图景及实践路径——兼论对福利政治的超越》，《浙江社会科学》第 8 期。

梁栩丞、刘娟、胡秋韵，2020，《产业发展导向的扶贫与贫弱农户的脱贫门槛——基于农政分析框架的反思》，《中国农村观察》第 6 期。

刘继同，2018，《国家、社会与市场关系——欧美国家福利理论建构与核心争论议题》，《社会科学研究》第 4 期。

蒙克，2018，《从福利国家到福利体系——对中国社会政策创新的启示》，《广东社会科学》第 4 期。

冉昊，2021，《开启全体人民共同富裕的现代化新征程——基于分配改革的路径研究》,《科学社会主义》第 4 期。

任贵州、曹海林,2021,《乡村文化治理——能动空间与实践路向》,《云南民族大学学报》(哲学社会科学版)第 5 期。

沈斐,2018,《“美好生活”与“共同富裕”的新时代内涵——基于西方民主社会主义经验教训的分析》,《毛泽东邓小平理论研究》第 1 期。

施雪华、禄琼,2017,《我国社区文化治理的新探索——以保定美地社区为例》,《理论探索》第 3 期。

檀学文,2020,《走向共同富裕的解决相对贫困思路研究》,《中国农村经济》第 6 期。

王春光,2019,《中国社会发展中的社会文化主体性——以 40 年农村发展和减贫为例》,《中国社会科学》第 11 期。

王春光,2021,《迈向共同富裕——农业农村现代化实践行动和路径的社会学思考》,《社会学研究》第 2 期。

王慧斌、董江爱,2020,《文化治理:乡村振兴的内在意蕴与实践路径》,《山西师大学报》(社会科学版)第 2 期。

王一鸣,2020,《百年大变局、高质量发展与构建新发展格局》,《管理世界》第 12 期。

习近平,2007,《文化是灵魂》,载《之江新语》,杭州:浙江人民出版社。

习近平,2012,《紧紧围绕坚持和发展中国特色社会主义,学习宣传贯彻党的十八大精神》,《人民日报》11 月 19 日,第 2 版。

习近平,2014,《牢记历史经验历史教训历史警示,为国家治理能力现代化提供有益借鉴》,《人民日报》10 月 14 日,第 1 版。

谢岳,2020,《中国贫困治理的政治逻辑——兼论对西方福利国家理论的超越》,《中国社会科学》第 10 期。

严飞,2021,《分化与流动——我国社会结构与社会心态变迁(1978—2020)》,《求索》第 6 期。

张国清,2018,《作为共享的正义——兼论中国社会发展的不平衡问题》,《浙江学刊》第 1 期。

张小军,2021,《让“社会”有“文化”》,《清华社会学评论》第 1 期。

Cultural Empowerment: The Endogenous Drive for Common Prosperity

Zhang Xinyi

Abstract: The solid promotion of common prosperity is the common expectation of the people. Common prosperity not only refers to material abundance but also encompasses the comprehensive development centered around human beings, permeating all aspects of politics, economy, and culture. In the pursuit of common prosperity, it is not only necessary to combine top-level design with policy implementation but also to fully value the subjectivity of individuals as practitioners of common prosperity. How to better leverage the subjectivity of individuals in the process of promoting common prosperity holds significant significance for our times. This article proposes that promoting the subjectivity of individuals in common prosperity requires adhering to cultural empowerment and "being cultured". It emphasizes a deep understanding of the important role and mission of culture in common prosperity, enhancing the agency and creative power of culture through increased social participation, and comprehensively improving the common prosperity of all people through cultural cohesion and integration.

Keywords: people; common prosperity; subjectivity; culture; being cultured

新中国经济史

中国扶贫体制的历史演变与机制创新*

普传玺**

摘要：回溯新中国成立以来的扶贫体制演变，大致可以分为救济式扶贫阶段（1949—1978）、体制改革式扶贫阶段（1979—1985）、多维度政策扶贫阶段（1986—2012）、精准扶贫阶段（2013—2020）四大阶段。党的十八大以来，我国立足国情，把握减贫规律，出台一系列超常规政策举措，构建了一整套行之有效的政策体系、工作体系、制度体系，走出了一条中国特色减贫道路，形成了中国特色反贫困理论，彻底打赢了脱贫攻坚战，为全球减贫事业贡献了中国智慧和中国方案，赢得了国际社会的高度评价。

关键词：扶贫　历史演变　创新　体制

2021 年 2 月 25 日，习近平总书记（2021）在全国脱贫攻坚总结表彰大会上庄严宣告，“在迎来中国共产党成立一百周年的重要时刻，我国脱贫攻坚战取得了全面胜利，现行标准下 9899 万农村贫困人口全部脱贫，832 个贫困县全部摘帽，12.8 万个贫困村全部出列，区域性整体贫困得到解决，完成了消除绝对贫困的艰巨任务”，赢得了国际社会的高度评价。

目前，脱贫攻坚目标任务已经完成。2021 年 1 月《关于全面推进乡

---

* 本文系北京市社会科学基金重点项目“新发展阶段城市相对贫困问题研究”（项目批准号：21SRA001）的阶段性研究成果。

** 普传玺，清华大学社会学系博士研究生。

村振兴加快农业农村现代化的意见》明确提出，要设立衔接过渡期。对于实现摆脱贫困的县级地区，在脱贫之日起设立5年的过渡期，确保在脱贫过程中提供持续的帮助。在过渡期内，将保持现有的主要扶贫政策总体稳定，并逐步对其进行分类优化和调整，合理把握节奏、力度和时间，逐步实现从集中资源支持脱贫攻坚向全面推进乡村振兴的平稳过渡，推动农村工作的重心历史性转移。此后，还将加强对农村低收入人口的常态化帮助，开展动态监测，根据不同层次和类别进行分类帮助。对于有劳动能力的农村低收入人口，将坚持发展帮扶产业。对于在脱贫过程中失去劳动能力且无法通过产业就业获得稳定收入的人口，将依据现有的社会保障体系，按照规定纳入农村低保或特困人员救助范围，并根据困难类型及时提供专项救助和临时救助（中共中央、国务院，2021）。

一、中国扶贫体制的演变过程

回溯新中国成立以来的扶贫体制演变，大致可以分为救济式扶贫阶段（1949—1978）、体制改革式扶贫阶段（1979—1985）、多维度政策扶贫阶段（1986—2012）、精准扶贫阶段（2013—2020）四个大阶段。

（一）救济式扶贫阶段（1949—1978）

新中国成立初期，我国经济基础较为薄弱，农村生产力水平低下，整体处于绝对贫困状态。这一时期没有完善的扶贫制度，以救济式扶贫为主。缓解我国的绝对贫困状况是当务之急，保障人民群众最基本的吃饱穿暖需求是该阶段的首要任务。围绕解决绝对贫困的目标，国家发展农村集体经济，兴办农村合作社，提高农村农作物产量，不仅解放了农村生产力，也促进了农村社会公平。加强农村基础设施建设、增加对农村教育和医疗的投资、建立医疗合作机制和健全卫生防疫制度、推行“五保户”制度、实施储备粮制度等一系列措施，有效缓解了农村贫困问题(谭清华,2019)。

但是这一系列政策并没有形成一个系统完备的针对扶贫的制度体系,且基本上是广义的输血式、救济式扶贫。这一阶段的扶贫行动在高度集中的经济体制下开展,缓解了人民群众的生计问题,但是并没有真正解决贫困问题。不过,这一阶段的扶贫措施为之后的扶贫工作指明了方向,为扶贫体制从粗犷向精细、从输血到造血的发展奠定了基础。

(二)体制改革式扶贫阶段(1979—1985)

1978 年是新中国发展史上划时代的一年,扶贫工作也在这一年有了新的方向。这一阶段,中国农民人均纯收入增长 2.6 倍。农村贫困人口从 2.5 亿降到 1.25 亿,平均每年减少 1786 万人,占农村人口的比例降到 14.8%(中华人民共和国国务院新闻办公室,2001),贫困发生率从 33.1% 下降到 14.8%(左常升,2016)。农民大量脱贫主要源于体制改革的红利,农村专门的扶贫工作也在推进。鉴于农村贫困的区域特性,中国在扶贫工作方面逐步尝试区域性扶贫。

1982—1992 年,国家实施了以甘肃定西、甘肃河西、宁夏西海固地区组成的“三西”为重点区域的农业建设计划,主要致力于生态治理、环境改善和农业生产发展。该地区生态环境恶劣,人民生活条件艰苦。为了应对当地特殊的形势,国务院专门成立了“三西”地区农业建设领导小组,针对性、区域性地负责这一地区的扶贫工作。“三西”地区农业建设领导小组开创了区域性扶贫的先河,提出这些地区不能只靠救济过日子的理念,采用以工代赈的办法,将救济与长远建设结合起来,按照“兴河西之利,济中部之贫”的指导思想,进行区域性重点开发。国家宏观设计层面,对农村实施了基于家庭承包经验的双层经营体制;同时,大幅提高了农副产品的价格,大大解放和发展了农村生产力。微观层面,通过以工代赈,要求贫困人口以出工投劳获得救助;通过“三西”农业建设,为中国区域性扶贫提供了反贫困经验。“三西”扶贫的成功案例为我们提供了经验性借鉴,集中力量实施片区开发、易地扶贫搬迁等做法在其他区域也产生了成效。

（三）多维度政策扶贫阶段(1986—2012)

这一阶段成立了专门负责扶贫工作的机构，通过大规模、有计划的扶贫开发与一定的宏观经济政策相结合减缓农村贫困。这一阶段可再细分为三个小阶段：

第一阶段，大规模针对性扶贫计划展开(1986—1993)。1986年国务院贫困地区经济开发领导小组成立。同年4月，第六届全国人民代表大会第四次会议将迅速改善“老、少、边、穷”地区的经济文化落后状况纳入“七五”发展计划，标志着中国正式步入广泛扶贫开发阶段。国家大规模减贫计划启动时，力图集中力量解决划定的18个集中连片贫困地区的问题，发展其生产性自救的能力，并进而将贫困县作为贫困治理计划的基本瞄准单位，分中央政府和省(自治区)两级重点扶持。其他措施还包括：安排专项扶贫资金，放宽农民迁移限制，支持劳动密集型产业发展，鼓励并促进贫困地区和贫困农民参与全国经济发展，以及确定和调整贫困县扶贫援助等。

为了对传统的救济扶贫进行彻底改革，确定了开发式扶贫的方针。由于增大扶贫计划的覆盖范围和调整宏观经济政策等措施的作用，1993年底，全国农村没有解决温饱的贫困人口减少到8000万，相比1985年的1.25亿人减少了4000余万(左常升，2016)。

第二阶段，“八七扶贫攻坚计划”(1994—2000)。1994年发布的《国家八七扶贫攻坚计划》明确用7年时间，加大人力、物力、财力投入，解决近8000万农村贫困人口的温饱问题。为了实现2000年基本消除农村贫困的目标，中国扶贫开发进入了攻坚时期。从此，中国扶贫工作出现了由道义性向制度性、由尺度较大的地域扶贫向贫困村和贫困户扶贫两大转变。这一阶段，政府也在宏观政策层面进行刺激，一定程度上将扶贫到户与宏观经济政策相结合，缓解农村贫困问题。2000年，“八七扶贫攻坚计划”战略目标基本实现。

第三阶段，农村扶贫开发纲要实施（2001—2013）。完成“八七扶贫攻坚计划”之后，我们面对着新的扶贫形势：农村剩余贫困人口基本不再成片出现，大多散居在生产和生存环境恶劣地区以及边疆少数民族聚居区；此外，还包括因病、因残、孤老、孤儿等丧失劳动能力或者没有劳动能力的贫困人口，这些群体已经无法通过开发性扶贫脱贫。国家也意识到，如果继续以县作为扶贫开发基本单位，很难切实惠及这类群体。因此，国务院相继出台了《中国农村扶贫开发纲要（2001—2010年）》《中国农村扶贫开发纲要（2011—2020年）》两个规划纲要，虽然名义上仍然是“扶贫开发”，但是突出了坚持开发式扶贫和农村社会保障两手抓的要求。在这一阶段，扶贫政策呈现出以下新的特点：在扶贫领域中，注重发展种养殖业、基础设施建设、公共服务改善、社会保障加强以及环境保护；在扶贫方式上，采取救济援助、经济补贴、金融支持、税收减免和优惠政策等综合措施。

这些政策变化在两个核心纲要中呈现出明显特点，主要涉及扶贫目标、扶贫对象、扶贫方式、政策工具和组织管理等方面：第一，扶贫目标从单纯解决温饱问题转变为确保扶贫对象稳定实现不愁吃、不愁穿，并保障他们的义务教育、基本医疗和住房需求；第二，扶贫对象更加精细化，从过去的县、村扩大到个体贫困户；第三，探索多样化的扶贫模式，以促进专项扶贫、行业扶贫和社会扶贫的综合效益发挥；第四，进一步完善农村金融服务体系，加大对贫困地区的财税支持，增加基础设施建设、生态环境和民生工程等方面的投资力度；第五，重点探索如何完善扶贫开发工作的考核激励机制，建立健全贫困监测制度，继续强化党政“一把手”负总责的责任制度，加强基层扶贫组织的建设。

（四）精准扶贫阶段（2013—2020）

自2013年起，中国扶贫开始进入下一个阶段，即精准扶贫阶段。在2015年的中央扶贫开发工作会议上，习近平总书记全面介绍了精准扶贫政策体系。习近平总书记（2018）指出：“全面建成小康社会、实现第一个百年奋斗目标，农村贫困人口全部脱贫是一个标志性指标……全面建成小康社会，是我们对全国人民的庄严承诺，必须实现，而且必须全面实现，没有任何讨价还价的余地。”“脱贫攻坚要取得实实在在的效果，关键是要找准路子、构建好的体制机制，抓重点、解难点、把握着力点。”

党中央关于脱贫攻坚的决策部署中突出了三个方面的内容：

一是脱贫攻坚的目标：“到2020年我国现行标准下农村贫困人口实现脱贫，贫困县全部摘帽，解决区域性整体贫困。”（新华社，2021）

二是脱贫的标准，概括起来是“一二三”：“一达标”即“农村建档立卡贫困户家庭人均可支配收入稳定超过当年全国扶贫标准”；“两不愁”即“不愁吃、不愁穿”；“三保障”即“义务教育、基本医疗和住房安全有保障”（习近平，2021），“三保障”后来又增加了“饮水安全有保障”的要求。

三是精准扶贫基本方略，概括起来是“六五四”：“六个精准”是基本要求，即扶持对象精准、项目安排精准、资金使用精准、措施到户精准、因村派人精准、脱贫成效精准；“五个一批”是根本途径，即发展生产脱贫一批、易地搬迁脱贫一批、生态补偿脱贫一批、发展教育脱贫一批、社会保障兜底脱贫一批；解决“四个问题”是关键环节，即“扶持谁、谁来扶、怎么扶、如何退”（习近平，2021）。

2014年以来的精准扶贫工作体现了“精准”的主要特征：第一，在识别贫困对象方面，摸索出一套行之有效的精准识别方式，通过建档立卡摸清扶贫对象底数；第二，在帮扶措施上，扶贫工作彰显出科学性，关注当地贫困的形成机制，进行溯源分析，进而做到“因户施策、因人施策”；第三，在资金使用上，通过政府购买服务、政府和社会资金合作配套、引进社会资金捐赠等多样形式扩宽资金渠道，建立多部门协调长效机制，促进资源集中统筹，提高扶贫资源利用效率；第四，在组织管理上，强调层层落实扶贫目标责任制度，精准选拔第一书记、驻村工作队，完善村级组织的运转经费保障制度；第五，在考核脱贫成效上，政策性文件《关于创新机制扎实推进农村扶贫开发工作的意见》明确地操作化了如何精准考核脱贫成效。

二、中国扶贫的体制优势

反贫困一直是世界各国关注的重要工作,扶贫救济在发达国家有着悠久的历史。英国在1834年就制定了新《救济法》,主要是确认社会救济属于公民应享受的权利,贫困群体的界定由国会负责。美国的救助制度较为丰富、完善,社会保障制度是其救助贫困的主要机制,包括对有子女困难家庭的资助、对老年人的养老以及残疾人的补贴、为穷人提供医疗服务项目、提供食品券补偿、保障儿童营养补助;此外还有安居计划、教育救助、就业培训等,帮助贫困家庭获得教育、住房、培训和就业机会。

世界各国的反贫困工作都有自身的特点,但是世界贫困率下降速度近年来却在放缓:1990—2015年的25年间,世界极端贫困率平均每年下降一个百分点,从近36%降到了10%;但2013—2015年这两年极端贫困率只下降了一个百分点。然而,在世界贫困率下降速度放缓的同时,中国的贫困率在短短六年时间里由10.2%降至1.7%。

“党的十八大以来,党中央把脱贫攻坚作为全面建成小康社会的底线任务和标志性指标,作出一系列重大部署。党的十九大后,党中央把打好精准脱贫攻坚战作为全面建成小康社会的三大攻坚战之一。”(习近平,2019)近年来,脱贫攻坚工作在力度、规模和影响上取得了空前的成就。脱贫攻坚成效明显,为全球减贫事业贡献了中国智慧和解决方案,充分展现了中国共产党的领导作用和中国特色社会主义制度的政治优势,赢得了国际社会的高度评价(习近平,2019)。究其原因,中国的体制优势在治国理政和打赢脱贫攻坚战中发挥了至关重要的作用。

(一)“中央统筹、省负总责、市县抓落实”工作机制

2016年,为了全面落实脱贫攻坚责任制,中共中央办公厅、国务院办公厅(2016)印发了《脱贫攻坚责任制实施办法》,所提出的责任体系成为脱贫攻坚制度体系的重要组成部分。《办法》指出:“脱贫攻坚按照中央统筹、省负总责、市县抓落实的工作机制,构建责任清晰、各负其责、合力攻坚的责任体系。”(中共中央办公厅、国务院办公厅,2016)

“中央统筹”,是指党中央和国务院负责制定脱贫攻坚总体政策方针,推出重要政策措施,完善制度机制,规划重大工程项目,并协调解决全局性和全国性的重大问题。其中,国务院扶贫开发领导小组负责全国脱贫攻坚的综合协调工作,建立和完善扶贫成效考核、贫困县约束、督查巡查、贫困退出等工作机制。组织对省级党委和政府的扶贫开发工作进行考核评估,进行脱贫攻坚督查巡查和第三方评估,建设精准扶贫和精准脱贫大数据平台,建立部门之间信息互联共享机制,完善农村贫困统计和监测体系。中央纪委机关负责监督执纪问责脱贫攻坚工作,最高人民检察院集中整治和预防扶贫领域职务犯罪,审计署跟踪审计脱贫攻坚政策的落实和资金重点项目。其他中央和国家机关各司其职,运用行业资源落实脱贫攻坚责任(中共中央办公厅、国务院办公厅,2016),做好本领域、本行业扶贫工作,如财政部全力做好脱贫攻坚投入保障、扶贫资金监管、绩效管理、财税政策支持、定点帮扶等工作;农业农村部优化农业供给结构,补齐农业现代化短板,指导发展特色农村产业,支持贫困地区培育种养大户、家庭农场、农民合作社、农业企业等新型经营主体,积极牵线搭桥帮助引进农业产业化龙头企业;民政部强化社会救助兜底保障作用,做好特殊困难人员兜底保障服务,支持引导社会力量参与脱贫攻坚,加强农村贫困地区城乡治理和基层政权建设;科技部着力提升国家农业科技园区建设水平,推动农业科技园区向高端化、集聚化、融合化、绿色化方向发展,推动县域创新驱动发展,加强基层科技创新能力建设,开展全国县(市)创新能力监测,强化科技扶贫精

准脱贫，认真组织开展"百千万"工程。

"省负总责"，是指省级党委和政府对本地区的脱贫攻坚任务负总责，贯彻执行中央制定的脱贫攻坚大政方针，结合本地区实际情况制定政策措施。在财政上，调整财政支出结构，建立扶贫资金增长机制，协调各方资源，动员社会力量，确保投入力度与脱贫攻坚任务相匹配；同时，负责对扶贫资金的分配、审计，并纠正扶贫领域各类违法违规问题。在管理方面，省级党委和政府加强对贫困县的管理，实施贫困县考核机制、约束机制和退出机制；同时，确保贫困县党政主要负责人的稳定，保持他们在未脱贫阶段不被调整或调离的稳定状态（中共中央办公厅、国务院办公厅，2016）。

"市县抓落实"，是指市级党委和政府负责协调跨区域扶贫项目，并对项目实施、资金使用以及脱贫目标的完成进行监督和考核。县级党委和政府承担着脱贫攻坚的主要责任，制定脱贫攻坚实施规划，优化资源配置，组织实施各项政策措施。县级党委和政府的主要负责人是第一责任人。为此，县级政府应当建立扶贫项目库，整合财政涉农资金，并建立健全扶贫资金项目信息公开制度，对扶贫资金的管理和监督负有首要责任（中共中央办公厅、国务院办公厅，2016）。

"中央统筹、省负总责、市县抓落实"的工作机制确保各级党委和政府压实本级责任，上下联动，同频共振，共同攻坚，是一种有效的动员和协作的工作机制。同时，这背后也体现出与以往科层行政结构不同的逻辑——行政主导的脱贫攻坚，体现的是科层化和逆科层化的双重逻辑：第一，党中央和国务院将扶贫责任层层下传，上升为地方政府的核心工作；第二，对于省、市、县、乡镇四级政府而言，地方主要负责人挂帅"高位推动"打破了科层制内部的条块限制，设立临时性指挥部门、动员科层内部各方力量参与其中；第三，对于非正式化的村级组织，采用驻村工作队、驻村第一书记等形式将政府力量嵌入村落，加强村级组织的组织力和执行力（许汉泽，2018）。

（二）“五级书记抓扶贫”的责任框架

“五级书记抓扶贫”是指从省、市、县、乡、村五级党委书记着手，形成党对脱贫攻坚工作的全面领导局面。“五级书记抓扶贫”体现了扶贫工作中党的领导力优势和社会主义集中力量办大事的优势。

党的十八大以来，“五级书记抓扶贫”多次出现在国家各类政策文件中，明确了脱贫攻坚工作的主体责任，让省、市、县、乡、村五级书记对脱贫攻坚的重要性、紧迫性的认识提高到了前所未有的高度。在中国的政治体制中，各级党委书记是各级部门的“领头羊”“一把手”，掌握着本部门决策部署和资源分配的最大话语权，书记对某项工作的重视程度某种意义上能决定该项工作能否顺利落地。

“五级书记抓扶贫”这一责任体系的实施，首先是落实党政领导班子和党政领导干部的政治责任。层层签订责任书，立下军令状，落实严格的责任制，确保省、市、县、乡、村五级领导一起承担扶贫工作，带领全党和全社会共同推进脱贫攻坚。“五级书记抓扶贫”的责任体系为脱贫攻坚提供了制度保障。

对于“五级书记”在脱贫攻坚中的作为，上级党委会要进行严格的考核评估，将考核结果与其仕途紧密结合起来，对好的给予表扬奖励，对差的进行约谈整改，对违纪违规的严肃查处。“五级书记抓扶贫”制度完善了工作链条，由上而下压实责任、强化责任意识，是我党实现集中力量办大事、完成脱贫攻坚事业的重要保障，经得起实践检验，也可为其他工作提供借鉴。

此外，各村扶贫工作开展中还存在另一批身份特殊的“书记”，即“驻村第一书记”。“驻村第一书记”主要负责指导和协助村党支部、村委会完成脱贫攻坚中各项工作的落实。“村子富不富，关键看支部”，贫困村常存在村级党组织能力不足甚至软弱涣散的问题，因此驻村帮扶工作队便成为助力筑牢基层堡垒、改善民生条件、落实精准扶贫政策的重要力量。根据贫困村实际情况，选派最合适、最紧缺的优秀人才到村担任第一书记,第一书记凭借自身的知识、资源、技能和人脉,为贫困村解决最关键的发展问题,为该村提供智力支持、人力资源支持和资金支持(王腾飞,2018)。按照要求,第一书记和驻村干部一部分来自上级机关、发达地区,一部分来自当地党政部门,且应当是有两年以上工作经验的优秀干部。据统计,截至 2019 年 4 月中旬,在岗的第一书记达到 20.6 万人,为精准扶贫打通了乡镇与乡村的"最后一公里"(习近平,2019)。

(三)基层扶贫治理体系创新

党的十八大以来,完善贫困治理体系、提升贫困治理能力是党中央提出的关于如何打赢脱贫攻坚战的重要命题。贫困治理体系和治理能力的提升主要体现在"精准"二字:精准识别与建档立卡、精准帮扶、精准管理、精准考核。

1. 精准识别与建档立卡

"扶持谁",即如何精准识别帮扶对象,以国务院扶贫办《扶贫开发建档立卡工作方案》划定的 2013 年农民人均纯收入 2736 元为贫困识别标准,并将家庭基本状况、致贫原因等资料纳入全国扶贫信息网络系统统一管理。整体来看,精准识别和建档立卡基本保证了贫困人口能够及时识别,收入水平超过贫困标准的贫困人口能够及时退出,扶贫政策和资源能够精准投放到真正需要的人群上。

2. 精准帮扶

明确了帮扶对象,解决了"扶持谁"的问题后,接下来需要解决帮扶主体和帮扶效果的问题。关于帮扶主体,前文就"五级书记抓扶贫""中央统筹、省负总责、市县抓落实"的责任体系进行了详细论述。关于帮扶效果,在扶贫资金的精准投放方面,责任、权利、资金、任务的"四到县"制度使得县级政府能够根据本地情况规划扶贫项目,做到专项扶贫资金专用。

3. 精准管理

在精准管理方面,为了实现扶贫对象高效管理和精准投放扶贫资源，国家建立了全国扶贫信息网络系统，以对贫困家庭和贫困人口进行动态管理。县级和乡级政府作为离脱贫工作最近的基层政府，在扶贫信息系统的支持下，能够实时追踪和提供精准帮扶。2016 年 4 月中共中央办公厅、国务院办公厅发布《关于建立贫困退出机制的意见》，建立了一套贫困户退出机制实施标准。这一机制由中央制定统一的退出标准和程序，各级政府负责具体执行和监督检查。在确保严格执行退出标准和规范工作流程的前提下，对于达到脱贫标准的贫困地区、家庭和个人，将及时进行信息更新，有序退出扶贫系统；同时，对于曾经退出系统但因疾病或灾害而重新陷入贫困的个体，将重新纳入扶贫系统中。

为了实现精准管理的效果，各基层政府积极利用"互联网 +"的优势。例如，中国电信亳州分公司为国家级贫困县安徽省利辛县定制了一项服务，成功建立安徽省首个精准扶贫大数据平台。该平台实现了市、县、镇（办事处）、村（社区）和贫困户之间的互联互通，成为当地扶贫管理工作中的重要支持工具（顾宇，2017）。再如，腾讯公益为贫困村开辟了用移动互联网发现乡村价值的微信平台"腾讯为村"，村集体可在该平台上进行党务、村务、服务、商务、事务"五务"公开，为乡村治理提供了较好的工具抓手。截至 2019 年 12 月，加入"腾讯为村"的村庄达到了 14 923 个，认证村民数 2 512 429 人，认证党员数 164 030 人。

4. 精准考核

县级精准扶贫工作领导小组制定了扶贫开发考核方案，该方案对扶贫对象的认定、帮扶和管理成果以及各乡镇、各单位部门的扶贫工作进行评估。这一措施明确将帮扶责任人与帮扶对象有机结合，提高了扶贫工作的效率和质量。同时，考核结果被用作各单位年度绩效评估依据，成为检验领导干部执政水平和领导能力的重要标准。每年都会公开一次考核结果，确保对社会公众透明公开。帮扶情况也纳入个人评估范畴，成为选拔和任用干部的重要依据。对于公认且成绩突出的扶贫工作先进个人，将优先提拔使用。同时，帮扶情况不佳的责任单位和个人将受到严肃问责（雷明、潘昊天、姚昕言，2019）。

（四）广泛动员社会力量的优势

强大的动员体系是中国特色社会主义的优势之一，也是脱贫攻坚工作体系建设的重要组成部分。国务院办公厅《关于进一步动员社会各方面力量参与扶贫开发的意见》提道："广泛动员全社会力量共同参与扶贫开发，是我国扶贫开发事业的成功经验，是中国特色扶贫开发道路的重要特征。"该意见提出，要培育多元社会扶贫主体，主要包括大力倡导民营企业扶贫、积极引导社会组织扶贫、广泛动员个人扶贫、深化定点扶贫工作、强化东西部扶贫协作。东部 9 个省市和 14 个城市积极帮助中西部 14 个省区市实施扶贫工作；此外，307 家中央单位已确定 592 个贫困县为扶贫目标；全军部队也积极参与，就近就地为 4100 个贫困村提供帮扶；同时，中央企业和国有企业充分发挥各自的优势，民营企业也勇于承担社会责任；消费扶贫成为一个重要举措，亿万国人积极参与其中（国务院办公厅，2014）。

1. 区域间协作扶贫

区域间扶贫协作主要包括东西部扶贫合作（表 1）。为了加强协调，实施了市县结对、部门对口的帮扶措施，实施了党政干部和专业技术人才的双向挂职交流计划，鼓励人才向西部偏远贫困地区流动。这一举措旨在促进人才资源的均衡配置，推动贫困地区的发展和脱贫工作。通过挂职交流，东部地区的党政干部和专业技术人才可以深入西部地区了解贫困状况，分享先进经验，提供专业支持和指导。同时，西部贫困地区也能从东部地区的先进经验和人才资源中受益，推动自身发展。这种双向交流和流动有助于加强地区间的合作与交流，促进贫困地区的脱贫进程，实现全国整体扶贫目标。此外，各省（自治区、直辖市）也在本地区自行组织开展区域性结对帮扶工作，实现市场互补、产业合作，发挥市场机制，推动贫困地区产业转型升级，做好人才支援、职业培训和社会帮扶等多方面工作，促进贫困地区加快发展，带动贫困群众脱贫致富。

表1 东西部扶贫协作结对关系

帮扶方		被帮扶方	
省级	市级	省级	市级
北京市		内蒙古自治区	河北省张家口市 河北省保定市
天津市		甘肃省	河北省承德市
	辽宁省大连市		贵州省六盘水市
上海市		云南省	贵州省遵义市
江苏省		陕西省	青海省西宁市 青海省海东市
	江苏省苏州市		贵州省铜仁市
浙江省		四川省	
	浙江省杭州市		湖北省恩施土家族苗族自治州 贵州省黔东南苗族侗族自治州
	浙江省宁波市		吉林省延边朝鲜族自治州 贵州省黔西南布依族苗族自治州
福建省		宁夏回族自治区	
	福建省福州市		甘肃省定西市
	福建省厦门市		甘肃省临夏回族自治州
山东省		重庆市	
	山东省济南市		湖南省湘西土家族苗族自治州
	山东省青岛市		贵州省安顺市 甘肃省陇南市
广东省		广西壮族自治区	四川省甘孜藏族自治州
	广东省广州市		贵州省黔南布依族苗族自治州 贵州省毕节市
	广东省佛山市		四川省凉山彝族自治州
	广东省中山市 广东省东莞市		云南省昭通市
	广东省珠海市		云南省怒江傈僳族自治州

数据来源：根据公开资料整理；参看人民网，2016。

例如，山东省结对帮扶湖南省，深入推进东西部扶贫协作取得显著成效。山东省企业在湖南省的参与程度不断提升，援助资金逐年增加。

济南市对湘西州的援助资金从2018年的2.80亿元增加到2019年的3.08亿元。截至2019年10月底,双方共合作实施了84个项目,致力于促进产业发展和就业。这些努力使得建档立卡贫困人口达到5万人受益,同时带动2万余名贫困群众增加收入,实现了脱贫目标。这种结对帮扶的合作模式为贫困地区的发展提供了有力支持,同时促进了地区间的经济交流与合作(奉永成、彭亮瑜,2019)。

2. 定点扶贫

自1986年开始,定点扶贫作为中国特色扶贫开发工作的重要组成部分,涵盖了各个领域的参与主体。这些参与主体包括中央和国家机关各部门各单位、人民团体、参照公务员法管理的事业单位、国有大型骨干企业、国有控股金融机构、国家重点科研院校、军队和武警部队等;定点扶贫的目标主要是老少边穷地区。

各民主党派中央、全国工商联也被鼓励参与定点扶贫工作,积极发挥作用。此外,各类大型民营企业和社会组织也被鼓励承担定点扶贫任务,为脱贫攻坚事业做出贡献。这些参与主体通过提供资金支持、技术援助、培训指导等形式,积极参与定点扶贫工作,助力贫困地区实现脱贫目标。

根据中共中央办公厅、国务院办公厅《关于进一步加强中央单位定点扶贫工作的指导意见》,定点扶贫主要有六项任务:选派干部,开展精准帮扶;深入调研,共谋脱贫之策;宣传动员,激发内生动力;督促检查,落实主体责任;夯实基础,培育基层队伍;总结经验,宣传推广典型。

三、结语

新中国成立以来,我国不断探索反贫困工作。自党的十八大以来,我国立足于本国国情,准确把握减贫规律,采取了一系列非常规的政策措施。这些举措在构建政策体系、工作体系和制度体系方面取得了显著成效,形成了一条独具中国特色的减贫道路。同时,我们也形成了中国特色反贫困理论,彻底打赢了脱贫攻坚战,积累了丰富的理论和实践经验。新时代脱贫攻坚的基本经验将继续发展,为我们有效衔接脱贫攻坚与乡村振兴、消除相对贫困,最终实现共同富裕做出重要贡献。

参考文献

奉永成、彭亮瑜,2019,《山东湖南深入推进东西部扶贫协作,已实施各类项目84个》,http://www.hunan.gov.cn/hnszf/hnyw/sy/hnyw1/201912/t20191202_10782825.html。

顾宇,2017,《"互联网+精准扶贫"点燃百姓幸福梦》,https://www.sohu.com/a/141733647_639771。

国务院办公厅,2014,《关于进一步动员社会各方面力量参与扶贫开发的意见》,https://www.gov.cn/zhengce/content/2014-12/04/content_9289.htm。

雷明、潘昊天、姚昕言,2019,《中国贫困治理实践(1978—2019)——基于瞄准机制演变的分析》,《南宁师范大学学报》(哲学社会科学版)第6期。

人民网,2016,《一图看懂东西部扶贫协作和对口支援结对关系》,http://politics.people.com.cn/n1/2016/1213/c1001-28946962.html。

谭清华,2019,《中国贫困治理七十年——扶贫政策创新视域》,《改革与战略》第8期。

王腾飞,2018,《习近平新时代脱贫攻坚思想研究》,吉林大学硕士学位论文。

习近平,2018,《在中央扶贫开发工作会议上的讲话》,载中共中央党史和文献研究院,《十八大以来重要文献选编》(下),北京:中央文献出版社。

习近平,2019,《在解决"两不愁三保障"突出问题座谈会上的讲话》,http://jhsjk.people.cn/article/31298180。

习近平,2021,《在全国脱贫攻坚总结表彰大会上的讲话》,《人民日报》2月26日,第2版。

新华社,2021,《中共中央、国务院关于实现巩固拓展脱贫攻坚成果同乡村振兴有效衔接的意见》,https://www.gov.cn/zhengce/2021-03/22/content_5594969.htm。

许汉泽,2018,《行政主导型扶贫治理研究》,中国农业大学博士学位论文。

中共中央、国务院,2021,《关于全面推进乡村振兴加快农业农村现代化的意见》,http://www.moa.gov.cn/xw/zwdt/202102/t20210221_6361863.htm。

中共中央办公厅、国务院办公厅,2016,《脱贫攻坚责任制实施办法》,https://www.gov.cn/gongbao/content/2016/content_5129488.htm。

中华人民共和国国务院新闻办公室,2001,《中国的农村扶贫开发》,https://www.gov.cn/zhengce/2005-05/26/content_2615719.htm。

左常升,2016,《中国扶贫开发政策演变(2001—2015年)》,北京:社会科学文献出版社。

Historical Evolution and Institutional Innovation of China's Poverty Alleviation System

Pu Chuanxi

Abstract: Tracing the evolution of China's poverty alleviation system can be broadly divided into four stages: the relief-oriented phase (1949 - 1978), the system reform-oriented phase (1979 - 1985), the multidimensional policy-oriented phase (1986 - 2012), and the targeted poverty alleviation phase (2013 - 2020). Since the 18th National Congress, China has been grounded in its national conditions and grasping the laws of poverty reduction. It has introduced a series of extraordinary policy measures, establishing a comprehensive and effective system of policies, work practices, and institutional arrangements. China has embarked on a unique path of poverty reduction, developed its own theory of poverty alleviation with Chinese characteristics, and decisively won the battle against poverty, making significant contributions to the global cause of poverty reduction with Chinese wisdom and solutions, earning high praise from the international community.

Keywords: poverty alleviation; evolution; innovation; system

观察与短评

探索国际化大都市乡村振兴发展新路子

——为加快建设农业强国做出上海贡献

冯志勇*

摘要：作为国际化大都市，上海要把握乡村发展规律，创新发展路径，探索国际化大都市乡村振兴发展新路子。对此，我们要深入学习贯彻党的二十大精神和习近平总书记的重要讲话精神，牢记习近平总书记要求上海在谋划发展时必须始终坚持“四个放在”的殷殷嘱托，践行“人民城市人民建，人民城市为人民”理念，认真谋划乡村振兴工作总体思路，使乡村成为上海现代化国际大都市的亮点和美丽上海的底色，从而为加快建设农业强国做出上海应有的贡献。

关键词：乡村振兴　国际化大都市　农业强国　上海

习近平总书记在党的二十大报告中指出，要“全面推进乡村振兴”。2022年底，习近平总书记出席中央农村工作会议并发表重要讲话，一如既往地高度重视乡村振兴，进一步要求为实现农业农村现代化而不懈奋斗。习近平总书记深刻阐述了建设农业强国、保障粮食安全、加强耕地保护、巩固脱贫攻坚成果同乡村振兴有效衔接、落实乡村振兴责任制、加强党对“三农”工作领导的重大意义。习近平总书记重要讲话思想深刻、内涵丰富，充满强烈的忧患意识，运用底线思维、问题导向、系统观念，为我们描绘了乡村振兴的美好蓝图，是我们做好“三农”工作的

* 冯志勇，上海市委农办主任、上海市农业农村委员会主任、上海市乡村振兴局局长。

根本遵循。我们一定要深刻领会、全面把握习近平总书记重要讲话的精神实质和核心要义，坚决扛起政治责任，不折不扣地把党中央的决策部署落实到位。

作为国际化大都市，上海有责任、有义务做好乡村振兴这篇大文章。当前和今后一个时期，上海要把深入学习贯彻落实党的二十大精神作为首要政治任务来抓，依法推进乡村振兴，全面落实各项任务举措。同时紧密结合贯彻落实市第十二次党代会精神，准确把握郊区农村是上海超大城市的稀缺资源这一定位，充分彰显乡村的“三个价值”，突出功能复合，让乡村成为上海现代化国际大都市的亮点和美丽上海的底色（冯志勇，2022）。上海市第十二次党代会报告明确提出，“乡村振兴是实现现代化的重要标志”。过去五年，我们以美丽家园、绿色田园、幸福乐园“三园”建设为抓手，通过实施乡村振兴示范村创建、农村人居环境整治及优化提升、农民相对集中居住措施，上海农村的面貌发生了非常大的变化，农民获得感更强了，城里人也更愿意去农村了。同时，在发展过程中我们也认识到：农业方面，发展绿色生态农业的任务还比较艰巨，农产品品牌“多散小”的情况依然存在，通过招商引资引进和培育农业龙头企业的力度需要进一步加大；农村方面，乡村发展空间有待进一步激活，非保留保护村，社会资本参与乡村建设热情有待进一步激发；农民方面，农民享受集体经济发展成果的水平还不够高，加强分类统筹、精准施策来提高农民收入的力度还需进一步加大。我们要把握乡村发展规律，创新发展路径，补短板，锻长板，在实践中不断探索城乡融合发展新路子。

为探索国际化大都市乡村振兴发展新路子，我们要深入学习贯彻党的二十大精神和习近平总书记的重要讲话精神，牢记习近平总书记要求上海在谋划发展时必须始终坚持“四个放在”的殷殷嘱托，践行“人民城市人民建，人民城市为人民”理念，认真谋划“一二三四”的乡村振兴工作总体思路，让乡村成为上海现代化国际大都市的亮点和美丽上海的底色，为加快建设农业强国做出上海应有的贡献（冯志勇，

2023a)。

“一”是紧盯一个目标:在中国式现代化的宏伟蓝图指引下,立足超大城市特点,全面实施乡村振兴战略,紧盯到2025年在国内率先基本实现农业农村现代化的目标,努力在全国“三农”发展和乡村振兴工作中走在前列、做出示范,进一步发挥窗口作用,让农民群众有更多的获得感、幸福感和安全感,不辜负中央对上海的期望。

“二”是协同两大战略:坚持面向全球、面向未来,对标最高标准、最好水平,牢牢耦合城镇化战略和乡村振兴战略,做到“双轮驱动”,注重促进城乡要素平等交换、双向流动,深化改革创新,用好科技手段,推动农业与现代服务业深度融合,促进集体经济组织发展壮大,带动农民就业增收,探索走出现代化大都市城乡融合发展新路子。

“三”是实现三位一体:紧扣“三个百里”、“三个价值”、“三园”建设这三大主题,搭建“愿景—路径—载体”三位一体的超大城市乡村振兴实现路径。

以“三个百里”为愿景,深刻领会习近平总书记在上海工作期间到金山区调研时提出的“金山要建设百里花园、百里果园、百里菜园,成为上海的后花园”这一指示,把郊区农村作为一种美好生活方式的选择来加以建设,更好地承载城市核心功能,使之成为人人向往的社会主义现代化国际大都市美好生活的乐土。

以“三个价值”为路径,充分认识经济价值是乡村发展的核心,生态价值是乡村发展的基础,美学价值是乡村发展的灵魂,让市民和游客更好地感受纯朴的乡风、看见美丽的乡景、阅读深厚的乡史、品尝多滋的乡味、聆听熟悉的乡音、体会绵长的乡愁。发挥市场机制的作用,充分彰显、有效实现这些价值。

以“三园”建设为载体,持续推动城乡融合发展:围绕扩面重管,高标准建设“美丽家园”;围绕提质增效,高质量建设“绿色田园”;围绕提升软实力,高水平建设“幸福乐园”。

“四”是做到四个优先:

在干部配备上优先考虑。坚持和加强党对农村工作的全面领导，强化各级书记抓乡村振兴责任。深入推进“班长工程”，继续选派优秀年轻干部到乡村振兴任务重的乡镇挂职锻炼。

在要素配置上优先满足。保障农业农村合理用地需求，落实盘活农村存量建设用地政策，引导涉农区将盘活的建设用地指标按照不低于5%的比例重点向乡村产业等倾斜。以乡镇全域土地综合整治试点为契机，优化耕地布局，统筹用地规划，激活产业振兴动能。加大人才配置力度，会同市委组织部将驻村指导员调整为驻村第一书记，形成市、区两级人才要素联动发展。大力培养乡村经营人才，扶持各类人才和能工巧匠到乡村创新创业。

在资金投入上优先保障。把农业农村作为一般公共预算优先保障领域，压实市、区两级政府投入责任。稳步提高土地出让收益支农比例，确保到“十四五”规划末全市土地出让收入用于农业农村比例不低于8%（各涉农区不低于10%）。鼓励和支持金融机构创新金融产品和服务，完善政策性农业信贷担保体系，引导金融机构用足用好支农政策工具，加大涉农信贷支持力度。引导、鼓励和支持各类社会资本参与乡村振兴建设。

在公共服务上优先安排。持续做好农村教育、医疗、养老、文化、体育等各项社会公共服务事业的硬件投入和软件提升工作，逐步缩小城乡公共服务差距。

为加快建设农业强国做出上海贡献，我们将着力从五个方面推进乡村振兴重点工作。

第一，做强都市现代绿色农业。

一是着力发展高端农业。根据《上海市推进农业高质量发展行动方案（2021—2025年）》，推进13个绿色田园先行片区①整体环境和形

---

① 生鲜蔬菜产业片区、品牌瓜果产业片区、特色果蔬产业片区、农旅融合产业片区、现代畜禽养殖产业片区、高端设施农业产业片区、数字化无人农场产业片区、优质食味稻米产业片区、东方桃源综合产业片区、绿色生态立体农业片区、乡村康养产业片区、都市田园农业片区、现代种养循环产业片区。

象打造，建设高端现代农业项目，实现规模效应。大力发展现代设施农业，探索蔬菜立体式栽培、集约化畜牧养殖、水产陆基养殖新途径。以基因编辑、合成生物学技术、单倍体育种、优质特色种源创新、智能农业元器件、农业机器人、智能设施农业装备、绿色投入品、农产品保鲜和加工、碳汇农业等10项关键技术为突破口，瞄准种源农业、智慧农业、生态农业三条上海农业科技发展新赛道，聚集力量加强关键核心技术攻关，促进多领域科技和产业迭代升级，推动实现高水平农业科技自立自强。加快培育种业头部企业，打造种业振兴策源地。

二是着力打造精品农业。全力抓好农业稳产保供，巩固"米袋子""菜篮子"，确保完成国家下达的粮食、大豆及油菜生产任务；规模化常年菜田基本保有量总面积不低于30万亩，扩大季节性菜田规模；夯实生猪、水产产能，推广绿色养殖方式。推广绿色、低碳、循环的农业生产模式，减少化肥农药投入，实现农产品绿色生产基地覆盖率达到40%、绿色食品认证率达到31.5%、粮油类及果品类"应绿尽绿"的目标。积极发展数字农业，推广先进农机具的运用，用信息技术把各类农机、各种装备"串联"起来，把生产作业和后台监管"并联"起来，建设更多的粮食生产无人农场和"机器换人"蔬果生产基地。持续开展农业生产作业信息精准报，加快申农码应用场景建设，不断提升农业智慧生产水平和服务经营主体的能力。

三是着力培育品牌农业。围绕农业全产业链、乡村数字产业、科创技术服务、新产业新业态、乡村更新提升等五大领域加大招商引资、引智力度，吸引更多有实力的跨国公司、农业龙头企业在上海建立研发总部，形成品牌集聚效应。大力培育各类经营主体，做强龙头企业，做优专业合作社，做精家庭农场，用产业化联合体的方式把大家组织起来，打造产业融合平台。加强企业品牌、区域公用品牌、地理标志品牌建设，用品牌提升农产品的市场附加值。

第二，深化农业农村各项改革。

农业农村改革的内容非常多，核心就是土地制度改革。新的一年，我们将积极探索推进“三块地”改革的路径和模式，为国家深化农村土地制度改革积累经验，提供“上海方案”。

在承包地方面，提前谋划第二轮延包到期后续包的新政策，保障承包权，完善经营权；引导、规范农村土地经营权有序流转，实现土地资源的优化配置。

在集体经营性建设用地方面，根据中央《关于深化农村集体经营性建设用地入市试点工作的指导意见》的精神，配合市规划和自然资源局加强对有关区的指导，加快推进改革试点，为下一步全面开展集体经营性建设用地入市工作打好基础。通过深化改革，利用集体经营性建设用地入市的契机发展非农产业，做到既保护农民利益，又激发市场活力。

在宅基地方面，指导有关区有序推进农村宅基地制度改革试点，形成一系列制度性成果。全面推进农村宅基地信息管理系统应用，实现宅基地和村民建房线上审批，进一步规范农户建房秩序。推进宅基地及附属房屋确权登记。在尊重农民意愿的前提下，探索宅基地置换归并的有效实现形式，探索宅基地使用权流转的多种模式和市场化退出机制，显化宅基地的资产性价值。

在巩固和提升农村集体产权制度改革成果方面，协调解决集体经济组织税收政策落实、集体资产登记等瓶颈问题，推动农村土地经营权、农村集体产权进入市公共资源交易平台，实现“一网”交易。

第三，壮大新型农村集体经济。

进一步深化发展壮大新型农村集体经济的政策举措，通过加强区级平台建设，提升农村集体资金、土地、项目等资源要素的统筹能级。鼓励农村集体经济组织盘活利用集体资源资产，与新市镇国土空间总体规划、郊野单元村庄规划等充分衔接，利用全域土地综合整治契机，探索资源资产高效利用新途径，提升集体经济发展能级。农村集体经济组织可以整合利用集体积累资金、政府扶持资金等，通过入股或者参股农业产业化龙头企业、村与村合作、村企联手共建等多种形式发展集体经济；还可以利用农村依法建造的宅基地农民房屋、村集体用房、闲置农房、闲置集体用地等，发展符合乡村特点的新产业新业态，确保集体净资产逐年增长。此外，还要做好集体收益年度分配工作，扩大分红覆盖面。

在推进过程中，重点关注三个问题：一是对 2001 年以后农村新出生人口，以及进城农民的集体成员身份问题要加快研究，保障他们的切身利益；二是探索让农村集体经济全要素参与市场流通和竞争；三是做好村级集体经济和镇级集体经济能级提升和归集整合，通过法定程序有序做大做强。

第四，扎实开展乡村建设行动。

认真组织、实施好新一轮乡村建设行动方案，重点把握好三个方面：

一是示范村建设要更加注重提档升级和长效管理。秉持“不策划不规划、不规划不设计、不设计不施工”的理念，按照“数量服从质量”“好中选优”“由点及面”的原则，每年选择不少于 20 个左右的村开展乡村振兴示范村建设，2023 年要建成 2022 年度确定的 24 个乡村振兴示范村，遴选新一批 20 个左右示范村开展建设，建设评定 30 个左右市级美丽乡村示范村。引导已建、在建示范村串点成线、集群连片，培育一批体现“三个价值”的明星村、品牌村，重点聚焦产业兴旺和乡村风貌这两个重点，增强示范村发展的后劲。切实加强对已建成示范村的后续管理，提升其持续运营能力。

二是农村人居环境提升要更加凸显美学价值。制定农村人居环境整治提升支持政策和长效管护的指导意见，以“工作项目化、项目清单化、清单责任化”的形式，进一步推进农房建设提升行动、架空杆线序化行动、公共服务设施完善行动等 13 个具体行动的实施，努力使上海乡村生态环境明显提升、公共基础设施基本配置到位，更加凸显乡村美学价值。

三是农民相对集中居住要更加强化竣工入住。配合市相关部门持续推进多种模式的集中居住工作，对第一轮签约的5万户农户重点抓项目竣工，尽快把新房交到农民手里，不断提升入住率。对平移类项目加强村庄设计和建房管理。

第五，分类施策、精准施策促进农民持续增收。

持续做大农民收入的四块“蛋糕”。经营性收入，一手发展都市现代绿色农业，一手培育高素质农民和农业带头人，创新农业新业态，提高农业劳动生产率。工资性收入，持续加强各类职业技能培训，大力发展乡村非农产业，帮助有就业意愿的农村富余劳动力实现更充分的就业。财产性收入，促进集体经济高质量发展，巩固前两轮综合帮扶的项目建设成果，启动第三轮农村综合帮扶，出台帮扶政策，适当提高经济相对薄弱村和低收入农户的标准；进一步拓宽帮扶资金的来源，建立全市统一的帮扶机制，搭建区级帮扶平台，增强集体经济造血功能。转移性收入，进一步提高农民社会保障水平，加强对生活困难农户的精准帮扶，做好财政托底保障工作，开发更多公益岗位。

促进农民持续增收，还需要进一步明确“农民”的界定标准，把握好不同的路径，分类施策、分类指导。对125万农村从业人员，属于非农就业的，要加强乡村非农产业发展，依靠提升职业技能、拓宽就业渠道来提高他们的收入；对60岁以上的老年农民，特别是原参加新农保的老年农民，需要通过提高社保水平，以及实行农村综合帮扶的收益兜底来提高他们的收入；对25万从事农业生产的农民，要通过提高劳动生产率增加他们的收入。

我们要按照中央和上海市委的部署要求，持之以恒地深化细化乡村振兴“施工图”，创造性地抓好各项硬任务落地见效，把上海农业农村打造成展现中国式农业农村现代化的窗口，使上海乡村振兴工作走在全国前列，为加快建设农业强国做出上海应有的贡献（冯志勇，2023b）。

参考文献

冯志勇，2022，《坚持农业农村优先发展，依法推进乡村振兴》，《上海农村经济》

第 12 期。
冯志勇,2023a,《顺应新趋势,构建上海都市农业新发展格局》,《上海农村经济》第 4 期。
冯志勇,2023b,《探索国际化大都市乡村振兴发展新路子,为加快建设农业强国作出上海贡献》,《上海农村经济》第 1 期。

New Paths for Rural Revitalization and Development in Internationalized Metropolis and Making Shanghai's Contribution to Accelerating the Construction of An Agricultural Power

Feng Zhiyong

Abstract: As an international metropolis, Shanghai needs to grasp the laws of rural development, innovate development paths, and explore new paths for rural revitalization and development in an international metropolis. We must not only research with great concentration and carry out the spirit of the 20th National Congress of the CPC and the General Secretary Xi's speech, but also bear in mind Xi's instructions on the development of Shanghai to adhere to the "Four IFS". In addition, we also must practice the concept of "people's city people build, people's city for the people" and carefully plan the overall thinking of rural revitalization. These actions and measures will make the countryside to be the characteristic of the international metropolis and the foundation of a beautiful Shanghai, thus making Shanghai's contribution to build up China's strength in agriculture.

Keywords: rural revitalization; internationalized metropolis; agricultural powerhouse; Shanghai

超大城市的发展不能忽视农业

方志权*

摘要：在快速城市化、工业化进程中，尽管农业在国民经济中的比重会逐渐降低，但其地位却不可动摇，不能因大市场、大流通而忽视农产品供给、轻视农业，更不能放弃农业。随着气候危机、全球疫情等诸多问题的出现，我们需要对超大城市的农业功能进行重新审视。城市需要农业，农业依托城市。因此，应将城市农业发展纳入整个城市发展的总体规划，并通过制定法律规章，切实对城市农业予以保护。同时，城市农业既要体现城市性，又要体现农业性。

关键词：城市农业　农业多功能　超大城市　气候危机　新冠疫情

大都市有肺、胃和肾吗？回答是肯定的。

我在上海农业部门工作，常会被人问起：上海这样的国际化大都市还有农业吗？与鲜活光亮的超大城市相比，是不是可以消灭农业、消灭农村了？

说实话，要回答这样的问题，我常感到势单力薄，明明可以义正词严，但总是底气不足。我曾在日本大阪农林中心研修，随导师一起做了数千市民的街头问卷调研。75.2%的市民认为只有有了城市农业，才能使人们深切地感受到四季的变换；68.5%的市民认为城市农业创造了绿色，农业已是城市的一个有机组成部分；58.0%的市民认为城市农

---

* 方志权，上海市农业农村委员会二级巡视员、秘书处处长。

业为市民提供了安全、新鲜、优质的鲜活农产品;46.8%的市民认为城市农业中的作物生长、食品生产对孩子有陶冶情操的教育功能;43.8%的市民则赞同城市农业具有防灾抗灾(如地震等)的功能:调查表明,城市农业具有明显的多功能性。

而今天要回答超大城市究竟要不要农业这样的问题显然要轻松多了,我不用再搜肠刮肚,因为疫情已给大家生动地上了一课。当时,不少朋友在阳台上种起了葱,绿叶菜也曾成了稀缺品,更有市民呼吁莫要轻视农委的工作,“鸡蛋不能都放在一个篮子里”,上海农产品的供应渠道不能完全依赖于外省市,要发展好上海城市自己的现代化农业,要保护好上海城市自己的农业用地,要坚定守住上海城市自己的耕地红线!遇到大型突发事件,对外交通受阻的情况之下,短期内超大城市全境主副食品供应只能靠城市郊区自给(方志权,2022)!

都说实践出真知,经过这次事件,大家的感受更为深切,道理更为透彻:农业是生命产业,是不可忽视、不可替代和不可或缺的。在快速城市化、工业化进程中,尽管农业在国民经济中的比重会逐渐降低,但农业地位是不可动摇的,“秤砣虽小压千斤”,消灭农业、消灭农村显然是荒谬的。没有城市的农业是没有生机的城市。因此,我们丝毫不能因大市场、大流通而忽视地产农产品供给,丝毫不能因农业比重小而轻视农业,丝毫不能因农业比较效益低而放弃农业。

来自农业部门一线的数据充分证明:在外地来沪客菜大幅下降的情况下,上海地产农产品生产为全市居民生活保供发挥了“子弟兵”的作用(方志权,2022)。从对最艰难的2022年3月中旬到5月上旬的跟踪分析来看,蔬菜日均上市3600吨,其中绿叶菜日均上市2500吨,占全市总上市量的近七成,郊菜名正言顺地成为超大城市蔬菜保供的压舱石。

这里值得称道的是,在快递和商超配送几乎“停摆”的时候,在市、区农业部门的组织下,以时令蔬果为主要代表的地产农产品,凸显了上海菜篮子工程在城市保供中的价值功能。5月份,近80家农业企业、合作社,推出了100余款绿叶菜平价团购套餐,采用公益团购的直供模式运达中心城区的居民手中,第一时间满足了市民的需求。真可谓久旱逢甘雨,收到团购的蔬菜后,居民好评如潮,很多人表示"有些日子没见过这样便宜新鲜的绿叶菜了",都说直送的蔬菜新鲜、分量足,纷纷在团购群和朋友圈"晒图",为上海农业部门的有为点赞。

由此,我还想起曾有过这样一个趣味问题:世界人口越来越多,耕地面积越来越少,未来吃什么,食物从何而来?大家的答案各有千秋。其中的一个答案很新奇:发展垂直农业。有科学家称,至2050年,全世界的垂直农业可养活100亿人口。无独有偶,在日本东京,屋顶农业走俏。这些屋顶农业既让儿童亲近了大自然,也利用有限空间增加了城市绿色,为减轻城市热岛效应、建设生态社会做出了贡献。媒体评论,五年前最酷的事情是做银行家,但是现在最酷的事情是当屋顶农民。

民以食为天,食以菜为先。实际上,随着气候危机、全球疫情等诸多问题出现,城市居民越来越意识到,应该将农业引入阳台、屋顶、社区……打造有别于传统农业的现代绿色计划,不仅可以创造出更多的功能性公共空间,还可以缓解气候压力、食物短缺,为城市创造出一个可持续的全新发展愿景。

疫情后,我们需要对超大城市农业功能进行重新审视。城市农业具有明显的多功能性,除了向人类提供更多、更好的特定产品以满足不断增长的基本需求外,还承担其他日益增多、不断扩大的经济、社会、生态功能。大家形象地说,城市农业既有"胃"的功能(保障鲜活农产品应急供应)、"肺"的功能(改善环境、旅游休闲),更有"肾"的功能(城市生态屏障)、"脑"的功能(文化传承),而且农业的这些功能大多是无偿向全社会提供的。

城市需要农业,农业依托城市。在充分肯定经济增长和城市发展对城市农业带来巨大益处的同时,我们也不能忽视城市农业无时无刻不遭受着负面影响,如环境污染对城市农业的影响、改变用地功能带来暴富的诱惑等,城市农业面临的困境颇多。因此,应将城市农业发展纳入整个城市发展的总体规划,并通过制定法律规章,切实对城市农业予以保护。同时,城市农业既要体现城市性,又要体现农业性:一方面,城市农业最基本的特点是城市性,没有城市的辐射和影响,就不存在城市农业;另一方面,城市农业还要体现农业特色,突出农村生活风貌,丰富乡土文化内涵,失去"农"味的城市农业就不是城市农业。超大城市农业是一项复杂而系统的工程,单靠农业自身是难以实现的,必须靠全社会的共同努力来实现。当前和今后一个时期,上海应盘活资源挖潜力、优化结构添活力、深化改革强动力、拓展渠道增实力,探索多种形式的农村集体经济发展新路子(方志权,2023)。

参考文献

方志权,2022,《疫情后对超大城市农业功能的再认识》,《上海农村经济》第9期。

方志权,2023,《发展壮大新型农村集体经济之我见》,《上海农村经济》第1期。

The Development of Mega Cities Cannot Ignore Agriculture

Fang Zhiquan

Abstract: In the process of rapid urbanization and industrialization, although the proportion of agriculture in the national economy will gradually decrease, the position of agriculture is unshakable. We cannot ignore the supply of agricultural products, underestimate agriculture, or give up agriculture due to the large market and circulation. With the emergence of various issues such as climate crisis and global epidemic, we need to re-examine the agricultural functions of mega cities. Cities need agriculture, and agriculture relies on cities. Therefore, the development of urban agriculture should be included in the overall planning of the entire urban development, and effective protection of urban agriculture should be achieved through the formulation of laws and regulations. At the same time, urban agriculture should reflect both urban and agricultural characteristics.

Keywords: urban agriculture; multi-functional agriculture; mega cities; climate crisis; COVID－19

《城乡发展评论》征稿启事

《城乡发展评论》是由上海财经大学城乡发展研究院主办，在国内外公开发行的学术集刊，每年6月、12月中英文同步出版2辑。集刊以“立足中国，放眼世界”为原则，以“推动与繁荣新时代新征程城乡融合和区域协调高质量发展研究，促进中国式现代化”为宗旨，坚持时代性、创新性、学术性和咨政性，主要关注“中国式现代化道路的理论与实践”“新型城乡融合发展”“乡村振兴与共同富裕”等领域话题，积极服务于中国式现代化建设、新时代国家重大战略和地方发展需求。

第一，集刊鼓励理论和经验研究相结合的学术取向，主要发表关于城乡发展研究的学术性论文、案例研究或调研类论文，特别欢迎有关国际国内城乡发展研究领域前沿性、开创性和突破性的科研成果。集刊倡导规范、严谨的研究方法，以创新性为首要考量因素，要求选题新颖、研究深入、论证严密、行文规范、文从字顺、架构合理。

第二，投稿论文应为作者原创、未公开发表、无知识产权争议并应符合学术规范。来稿文责自负，文字一般控制在8000—12 000字范围内。

第三，投稿论文格式体例须尽量规范，相关体例可参考《社会学研究》《社会》等学术期刊。

第四，论文须依次包括以下要素：中文标题；作者姓名、单位、职称、联系电话、通讯地址、电子信箱等；中文摘要（300—500字，能够客观反映主要内容信息，包括但不限于研究思路、研究方法、主要研究结论）；中文关键词（3—5个）；正文；参考文献；英文标题、摘要、关键词。论文非必要不添加附录。

第五,论文有项目支持的,应依次注明项目来源、名称、项目批准号等基本要素,且项目须与论文研究主题相关。

第六,论文务必规范引用文献。凡所引用包括但不限于法律法规、党和国家重要领导人著作、党和国家重要领导人讲话、会议文件、图书、论文等,务必逐字认真核对,确保不错引、漏引、跳引、糅合、误解、歪曲,严禁为了论文意思表达效果而对引文做出有利于作者个人主观意愿的修改,严禁对文献进行断章取义式的引用与解读。文献引用不规范的论文,编辑部有权退回作者修改甚至退稿。

第七,稿件采用他人成说,须在文中以括注方式说明出处。作者自己的注释均作为当页脚注。正文所引用参考文献须在文后列出,文后所列参考文献应在正文中实际引用。中外文参考文献分开列出,中文文献在前,外文文献在后,并按作者姓氏字母顺序排列。中文文献参照《社会学研究》格式,外文文献参照 APA 格式。

第八,文中若有插图,应注明来源,并提供清晰的电子图档。

第九,正文、插图、表格信息须有据可依、前后照应、文表照应,表格亦应注明来源。

第十,本刊采用国际通行的双向匿名审稿制度。在原稿中,作者应将以下信息置于首页:论文标题(中英文);所有作者中英文姓名;单位(含二级院、系、所)及邮政编码;电子信箱;联系电话;通讯地址;项目资助(须与论文研究主题相关)。所列信息请务必清晰、完整、准确;如发生变更,请及时通知编辑部。

第十一,投稿办法:请将邮件主题命名为"《城乡发展评论》投稿",并将论文 WORD 版添加至附件,电子邮件发送至 urdr. edit@ shufe. edu. cn。无论稿件采用与否,编辑部都会于 2 个月之内通知作者。来稿一经刊用即付稿酬,并赠每位作者样刊 2 册。

第十二,著作权使用说明:本刊已许可中国知网等网络知识服务平台以数字化方式复制、汇编、发行、信息网络传播本刊全文。本刊支付的稿酬已包含网络知识服务平台的著作权使用费，所有署名作者向本刊提交文章发表之行为视为同意上述声明。如有异议，请在投稿时说明，本刊将按作者说明处理。

图书在版编目（CIP）数据

城乡发展评论．第一辑／吴方卫，严飞主编．—北京：商务印书馆，2023

ISBN 978-7-100-23054-4

Ⅰ．①城… Ⅱ．①吴… ②严… Ⅲ．①城乡建设—中国—文集 Ⅳ．① F299.2-53

中国国家版本馆 CIP 数据核字（2023）第 177878 号

城乡发展评论

第一辑

吴方卫　严　飞　主编

商　务　印　书　馆　出　版

（北京王府井大街 36 号　邮政编码 100710）

商　务　印　书　馆　发　行

江苏凤凰数码印务有限公司印刷

ISBN 978-7-100-23054-4

2023 年 11 月第 1 版　　开本 710×1000 1/16

2023 年 11 月第 1 次印刷　　印张 13 ¼

定价：72.00 元